打造完美新娘

主　编：杨晓光　赵春媛

编　委：魏成龙　刘　萌　时培育　朱天宇
　　　　夏　明　方　波　亚琨博　于　淼

金盾出版社

内 容 提 要

每个女孩都希望能在婚礼当天以最美丽的形象出现,但无论是造型、身材、婚纱、钻戒、饮食健康……一切都让没有任何经验的准新娘们无所适从。本书从美丽手册、纤体手册、婚纱手册、配饰手册、健康手册五个方面全面介绍婚前女孩的新娘课程,为准新娘们解开所有疑虑。本书不仅适合准新娘及待嫁女孩使用,也适合广大爱美女性阅读参考。

图书在版编目(CIP)数据

打造完美新娘/杨晓光,赵春媛主编.—北京:金盾出版社,2014.12
ISBN 978-7-5082-9428-5

Ⅰ.①打… Ⅱ.①杨…②赵… Ⅲ.①女性—婚姻—通俗读物 Ⅳ.①C913.13-49

中国版本图书馆 CIP 数据核字(2014)第 093233 号

金盾出版社出版、总发行

北京太平路 5 号(地铁万寿路站往南)
邮政编码:100036 电话:68214039 83219215
传真:68276683 网址:www.jdcbs.cn
北京盛世双龙印刷有限公司印刷、装订
各地新华书店经销

开本:705×1000 1/16 印张:10.25
2014 年 12 月第 1 版第 1 次印刷
印数:1~4 000 册 定价:39.00 元

结婚对于每个女孩来说，都是神圣且充满幻想的。洁白的婚纱、美丽的妆容、闪耀的钻戒，这无疑是女孩人生中最美丽的时刻。婚礼不仅仅是女孩正式转变为女人的见证，更是人生最美好、珍贵的回忆。所以，对于一生一次的婚礼，准新娘们最大的心愿就是：每一个细节都完美。

网络有一句流行语：一个女人的一生，22年的公主，1天的皇后，10个月的贵妃，剩下的几十年都是平民。为了这最宝贵的一天，准新娘们都会提前半年甚至一年就开始准备，但由于没有经验、心理紧张，当婚礼真正来临时，每位准新娘还是会理不出头绪，找不到具体该从哪一步做起，本书便能为您带来最诚恳的建议、最权威的指南，从"美丽手册""纤体手册""婚纱手册""配饰手册""健康手册"五个方面，为准新娘们列出了从美颜美体到饮食营养、从婚纱礼服到首饰配饰、从婚礼现场到洞房花烛的极富参考性的行为指南。

一册在手，定会有所心得；笃而行之，必将收获欣喜。

本书正文新娘图片均来自于高琳美妆婚纱馆（QQ：138310830），特此感谢。

编　者

目 录

第一章　美丽手册

第二章　纤体手册

第三章　婚纱手册

第四章　配饰手册

第五章　健康手册

第一章　美丽手册

细腻不脱妆的皮肤、从里到外散发的好气色、健康且充满时尚感的新娘盘发，这无疑是准新娘们最在意的，如何在婚礼当天以最完美的形象和造型出现在宾客面前的？本章为您悉心指点。

第一节　皮肤护理篇

"鲜肤一何润，秀色若可餐"（晋朝陆机《日出东南隅行》）。对于女性而言，秀色可餐的第一着眼点即是皮肤。皮肤之于准新娘，正如太阳之于天空，雨露之于禾苗。因此，对皮肤的护理，才是真正意义上的、必不可少的"面子工程"。

 **面部美容护理倒计时**

婚礼上，新娘的脸庞是众所瞩目的焦点。想成为面庞美丽的新娘，婚前的悉心养护必不可少。肌肤细胞新陈代谢的周期一般为28天，因此，准新娘进入婚礼倒计时，更要进行密集的保养和护理。只有做足了准备，拥有水水嫩嫩的肌肤，才能最好地贴合化妆品，让婚礼当天的妆容轻薄自然，肤色润泽光滑，成为最完美动人的新娘。

尽早开始面部护理

一些新娘因为各种原因，直到临近婚礼才进行面部护理。而面对皮肤的种种问题，"临阵磨枪"实在难以解决。面部皮肤有问题的准新娘应该至少在婚前三个月开始面部护理，起始阶段可以两周一次，婚礼前夕应达到每周一次。皮肤状况的改变不可能一蹴而就，持续的护理起码要坚持两至三个月才能初见成效。那些"临时抱佛脚"的准新娘最好不要轻易尝试从未接触过的美容项目，以免刺激皮肤，发生意外。

婚礼前6个月

专业美容院保湿护理　每周应定时去美容院做面部护理。此外，一双顾盼流莹的美目可是新娘妆的点睛之笔，所以用保湿眼膜给眼睛做一次SPA非常有必要，既可有效消除眼袋，又可减轻眼部疲劳。

美容院的仪器和美容师的按摩手法能真正帮助你的肌肤获得新生，这些都是居家护理无法达到的。

每天一碗燕窝 燕窝内含的优质胶原蛋白和特殊的氨基酸成分对抵抗肌肤的老化非常有效，坚持服用很重要。

婚礼前3个月

面膜倍护 选择针对干燥皮肤的面膜，坚持使用。

营养均衡 不要因为减肥而拒绝所有油脂和热量，例如肉类、鱼类中的脂肪和胶原蛋白都是天然的美容良药。

婚礼前1个月

精华液护理 临近婚礼，不妨选购一瓶密集型精华液。这类产品的效果往往是最迅速、明显的，绝对值得一试。

避免使用新产品 这时要停止尝试任何新的护肤品和接触新护理，以免因为过敏而产生红肿、脱皮，得不偿失。

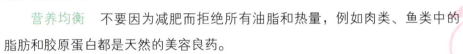

贴士：有痘痘千万不要自己去挤，发炎化脓更麻烦。在家可使用茶树或熏衣草消炎和去疤，每次滴一滴于手掌中心，再点在患处即可。

婚礼前7天

选择一种一直都在使用的补水保湿产品，在这一周里坚持使用，给婚礼当天完美的妆容打个好基础。另外，少喝含咖啡因的饮料，多喝水，因为就算轻微的缺水，也会导致皮肤丧失光泽。

粉刺肌肤护理方法：如果是已经成熟的粉刺，可以求助专业美容师帮忙清理。如果是未成熟的粉刺，除了不能硬挤外，还要提前告诉你的化妆师，你的粉刺颜色是发红还是已经发黑，这样他们能为你准备恰当颜色的遮瑕膏。提前一周每晚敷上你常用的补水面膜，并使用水凝霜和保湿啫喱来给肌肤补充水分。

婚礼前6天

睡眠　一旦这个星期过半，你可能会因太忙、太兴奋而无法得到很好的休息。那么，趁现在赶紧多睡一会，以储存能量。

婚礼前5天

来做一次使你精力充沛、容光焕发的三步面部护理。

第一步：用适合你皮肤的洁面乳清洗面部。

第二步：做一次快速的仅10分钟的去死皮面膜以清除死皮。

第三步：像往常一样滋润一下皮肤。如果你的滋润霜中没有防晒因子，你还需要另涂点防晒霜。

婚礼前4天

从现在起，每天坚持给皮肤做清洁、保湿、防晒。不使用化妆品，以保证不出现新的肌肤问题。

婚礼前3天

现在该是从你的睡眠储蓄中支取精力的时候了，万事都忙了起来。如果你的眼部看起来很疲惫，你可以用含脂质体的眼部护理霜，它将消除眼圈的浮肿（把护理霜储藏在冰箱中效果更佳）。

婚礼前2天

今天开始到婚礼当天，要开始忌口了，不能吃太过刺激的食物，不喝酒。同时注意休息，如果白天太累，晚上可以泡泡脚。

婚礼前1天

婚礼前一天，请美容师为你做一次全面深度美容。然后，抛下一切琐事，好好睡一觉，要知道，睡眠是最好的美容。

婚礼当天

置身于大庭广众之中和聚光灯下，新娘的妆容要自然服帖，关键在于皮肤的洁净度、保水度和柔软度。水润度必须比一般人高2~3倍，这样才能保持整日妆面的亮度。新娘需要做的，就是在婚礼当天的清晨，彻底清洁皮肤，在面部轻拍一层深度保湿霜。其他的就交给化妆师吧。

面部日常保湿护理

每天清洁的卸妆产品　面部清洁护理，当然还包括了卸妆，如果你第一反应是"我今天又没有化妆，所以不用卸妆"，那你的护肤就要亮红灯了。只要白天使用了防晒、隔离等产品，那么，夜间就一定要用卸妆产品作为面部清洁的第一步。

密集护理以保湿为主　婚前的保养应该以保湿为主，让皮肤蓄足水分，晶莹饱满才是王道。

化妆水迅速补充水分　化妆水分紧肤水、爽肤水、柔肤水等，专家建议，油性皮肤使用紧肤水，中性皮肤使用爽肤水，干性皮肤使用柔肤水。它们的作用就在于再次清洁以恢复肌肤表面的酸碱值，并调理角质层，使肌肤更好地吸收营养，从而为使用保养品做准备。所以洗完脸之后，使用化妆水，可以迅速补充水分。准新娘最好不要选择含有酒精成分的化妆水，因为酒精容易引起皮肤的干燥。

精华补水最强效　补水保湿精华素通常由多种浓缩保湿成分调配而成，极易被肌肤吸收，能将水分瞬间输送到肌肤最需要的地方，切实有效地缓解

干燥缺水问题，是深层补水的关键。补水保湿精华除了能够帮助皮肤吸附表层的水分，还能形成水分保护膜，锁住水分，并能从细胞内提升水分循环及含水量，令肌肤深层蓄水，在肌底就有一个充沛的蓄水库。保湿成分有水溶性和脂溶性之分，所以，精华的质地也不相同。市面上乳液、油、霜等大多含有脂溶性成分，而凝露、啫喱、水则含有水溶性保湿成分。有些品牌为了让保湿更全面，一瓶保湿精华两种质地，既有水又有油，用时摇一摇将两种质地混合。你可以根据自己肤质来选择适合的补水精华，如果皮肤极干，可以选油状、霜状；如果是一般的干燥，可以选油状、水油混合状以及乳液类；如果是油性肌肤，建议选择凝露、水状等轻薄质地的补水精华。

面霜保湿方法多 使用面霜除了直接涂抹的方式，还能有其他滋润皮肤的方法。要作为面膜使用，首先要确定面霜是纯天然，不含刺激性的滋润型。然后取多量的面霜涂抹在皮肤干燥红肿脱皮的地方，待3~5分钟后按摩推开，最后用化妆棉片将残留的面霜擦拭干净。有些面霜因为其配方的原因，质地会比较厚实，不易推开，若强行涂抹，可能导致营养不易吸收，造成浪费。遇到上述情况时，将适量面霜取于手掌心，然后滴一滴精华液，用手指调匀，中合面霜，很快你就会发现厚实的面霜成为软软的乳霜状，这时再涂抹在脸上，就容易推开了，保湿能力也会增强。

面部护理三法

1. "口腔SPA"瘦脸操

步骤一：准备一杯水。

步骤二：喝一口水含在口腔中（平时的分量），通常只要练习两三次后，就能掌握要领抓住重点。

步骤三：使用口腔及两脸颊的力量，将水由口腔内壁射出至嘴唇内壁，重点是将口腔内的水透过牙齿之间的缝隙穿透出去，此时水的力量会使脸颊肌肉渐渐紧实，再利用口腔及两颊的力量将水吸回口腔内，时间约半秒。

步骤四：注意瘦脸操每天早、晚各做一组，坚持3个月或者更长时间，效果更好。一天天坚持，脸也会一天一天漂亮起来，恼人的双下巴也会慢慢消失。

这个动作的好处是：不但运动到脸、唇、颊，清洁了口腔，同时还运动了胸锁乳突肌，从而消除双下巴。

2. 指压瘦脸法

使脸颊消肿的穴位有"听会穴""大迎穴""颊车穴"等。由于这些穴位比较难记难找，可以按照下面的方法进行按摩指压，以达到按压穴位的作用。①大拇指指腹贴近颧骨下方，稍用力垂直往下轻压2厘米左右，指力往上轻抬即可，再缓缓将指力放松。②中指、无名指并拢，沿颧骨下缘指力平行往下轻压至2厘米处，再往上顶。③四指并拢，在脸颊的上轻拍数下。④画圆圈：四指并拢，轻触脸颊由内往外画圆圈。

> **贴士**：以上的指压按摩动作，适合两天做一次。过于频繁或用力过度的按摩，都有可能造成神经传导迟钝或肌肉松垮、挫伤。

3. 面部熏蒸法

取一个深一点的脸盆，里面倒不超过一半的烧开的热水（水温以适合自己为宜）。再在脸盆上包一层保鲜膜，中间剪开一个脸大小的洞，深吸一口气把脸对着这个洞进行熏蒸（脸不要碰到热水），这样热水的蒸汽会全部熏蒸到面部。一般熏蒸1分钟即可，一天1次，蒸汽熏蒸可以有效清除面部毛孔里的污垢，并使毛孔放松。

深层洁肤面膜

肌肤毛孔深层的污垢如果不清除干净，会导致皮肤暗沉、粉刺等症状。仅靠洗面奶只能洗掉肌肤表面的污垢，那么要如何彻底清洁面部呢？下面这些自制深层洁面面膜，会让你的肌肤清爽水嫩。

面膜一：丝瓜牛奶去角质美白面膜

材料：丝瓜半根、一小勺柠檬汁，牛奶适量。

做法：将丝瓜切成薄片，放入柠檬汁、牛奶里浸泡3分钟，清洁好面部后，用热蒸汽打开毛孔。将丝瓜均匀地敷在脸部，大约10分钟后用清水洗净。

功效：能深层净化肌肤，清除肌肤毛孔中的油腻与杂质，去除肌肤表面的老废角质，改善肌肤暗沉、粗糙的状况，令肌肤变得清透白皙，富有光泽。

面膜二：大豆净颜面膜

材料：大豆30克，蜂蜜一大勺，面粉适量。

做法：用大豆来榨取豆浆，与蜂蜜、面粉搅拌均匀。清洁好面部后，用热蒸汽打开毛孔。再将搅拌好的面膜均匀涂抹于脸部，10分钟后用清水洗净。

功效：能去除肌肤表面的油污与老废角质，并能滋润且保湿肌肤，淡化肌肤色斑，收敛粗大毛孔，有效美白肌肤。

面膜三：绿豆粉排毒净颜面膜

材料：绿豆粉2大勺，纯净水适量。

做法：将绿豆粉与纯净水一同倒在面膜碗中，充分搅拌均匀。清洁好面部后，用热蒸汽打开毛孔。将做好的面膜均匀地涂抹于脸部，待面膜8成干时用清水洗净。

功效：能深层清洁肌肤，软化去除肌肤表面的老废角质，清除毛细孔中的污垢与多余油腻，改善油脂分泌的状况，调节肌表水油平衡，抑制痘痘生成。

面膜四：西红柿清颜面膜

材料：西红柿半个，蜂蜜一大勺，面粉2大勺。

做法：将西红柿去皮榨汁，与蜂蜜、面粉一同搅拌均匀。清洁好面部后，用热蒸汽打开毛孔。将搅拌好的面膜均匀地涂抹于脸部，10分钟后用清水洗净。

功效：清除肌肤表面的老废角质与肌肤毛孔中的油污，促进肌肤对水分的吸收，令肌肤细嫩滑爽。

眼周护理

"巧笑倩兮，美目盼兮"。一双顾盼生辉的美目是新娘妆的点睛之笔。婚礼上新郎新娘彼此宣誓，那成为彼此永恒记忆的眼神怎能被黑眼圈和细纹搅扰了呢。眼周皮肤最为娇嫩，如果护理不当，黑眼圈、细纹、眼袋等就会很容易出现，因此，在婚前一周乃至一个月就要加强眼部护理。

消除眼部浮肿的有效办法：

眼部浮肿会使人看上去没有精神，而且它也很难像痘痘和斑点那样通过化妆掩盖。作为准新娘，不妨试下下面的做法。

婚礼前一个月：每天早晚坚持做眼部保养，最好选择富含植物精华且能够有效舒缓及减轻眼部浮肿的眼胶保养品，或者将维生素E直接涂于下眼睑处，以加强皮肤抗衰老能力。

此外，还可以做开闭眼运动：双眼上下瞪，要有意识地进行开合闭启，每天坚持做100~150次左右，使眼瞪肌有收缩与放松的感觉，再配以闭目养神和眼部按摩，效果更佳。

婚礼前夜：入睡前一小时千万不要喝水，否则容易出现因排水不畅而导致的眼部浮肿。另外，不妨使用比较硬的枕头，帮助血液循环，以免液体淤积在眼部形成眼袋。

婚礼当天应急措施：将蘸满冰冻鲜奶的化妆棉冷敷在眼睛上，5~10分钟后再用冷水清洗，有助减轻浮肿的眼肚。

消除下眼袋的有效方法：

眼袋形成的主要原因是生活习惯和遗传。长期睡眠不足，经常戴隐形眼镜，或是卸妆不够轻柔，都有可能引起眼袋。下面是去除眼袋的方法。

婚礼前一个月：改变生活中的不良习惯，诸如看书、用电脑时间过长，长期睡眠不足等。用眼工作时，要每小时休息5分钟，闭目养神。

婚礼前夜：临睡前轻压眼睛正下方的部位可以防止眼袋的产生。此处叫听会穴，手指放在下眼眶上，张大嘴巴，会摸到一个小凹陷，就是听会穴。

婚礼当天应急措施：在眼袋部位敷上小黄瓜片，或自制小黄瓜眼膜，用来镇静肌肤以减轻下眼袋现象。

药物治疗：对于形成已久的眼袋或是遗传形成的严重眼袋，最有效的治疗方法是实施眼袋切除手术。

消除鱼尾纹的有效方法：

鱼尾纹是一种动态性皱纹，而且随着年龄的增长，动态性皱纹会变成静态性皱纹，准新娘需要及早祛除这些，才能绽放年轻的光彩。

平时要加强保湿。细纹产生的主要原因是干燥的空气，要记得每天都要使用保湿眼霜，相隔一天就使用保湿眼膜加强护理。

婚礼前一个月：坚持轻柔卸妆，每天睡前用洁肤棉给眼部卸妆时，千万不要用力拉扯眼部周围的肌肤。若化了浓妆，应先把蘸了眼部卸妆液的洁肤棉放在眼睛上敷一会儿，充分发挥卸妆液溶解化妆品的功效，再轻轻向下拭抹。难清洁的部位如眼角或睫毛根部，可选用棉花棒清洁，方便又安全。

适当按摩：突发性的眼角皱纹属于假性皱纹，是由于肌肤中缺少水分所致，一般来说通过敷用眼膜、为眼部增加水分和营养，同时进行正确的按摩是可以起到一定作用的。按摩手法如下：

首先，把适量的按摩膏放在指尖，然后在眼周围绕圈按摩，5分钟后用温水清洗，再涂上眼部收紧啫喱。然后，用中指点一些眼霜，从眉心开始，向外沿着上下眼睑轻压，连续4~6次。为了避免紫外线的侵害，出门前一定要在眼部擦上眼部专用的防晒霜。另外，太阳镜、太阳帽等也是不可缺少的。

婚礼当天应急措施：如果是遗传或是皮肤太薄导致的鱼尾纹，只好用化妆来补救。选择与自己肤色相近或略深的遮瑕膏，在化妆前涂在眼周即可。

改善黑眼圈的有效方法：

拥有一双水汪汪的大眼睛是很多准新娘的追求，所以在平时的生活中就要非常爱惜娇嫩的眼部肌肤。但是，现代都市人的生活压力较大，经常熬夜加班，失眠等造成眼睛有很严重的黑眼圈，下面这些方法能帮你更好地解决它。

平时要加强眼部按摩，促进血液循环，从而消除黑眼圈。另外，黑眼圈主要是因为休息不好而造成的，因此要注意休息。

婚礼前一个月：淡化色素沉积，可以选择一些含有美白及消除色素成分的眼部保养品，同时注意眼部的保湿、滋润、紧肤三大要点。将眼部精华液、眼霜、弹力修护霜用无名指轻弹于眼周围，然后轻轻推开。不要选择过油的产品，否则容易阻塞腺体。

婚礼当天应急措施：如果是先天形成的黑眼圈，则可以在化妆时利用粉底来修饰，靠一定的化妆技巧来隐藏黑眼圈。建议你使用两种不同颜色的粉底来做自然的调和。以自己的肤色为基准，选择同样和比肤色稍暗的粉底颜色，调和出自然的颜色均匀涂在眼部周围，轻轻拍打后，再扑上薄薄的一层粉状粉底就可以了。

修眉

"蛾眉淡扫青山远"，两弯柳眉，衬一双明眸，是所有女性特别是新娘的理想妆容。因此，千万别忽视了眉毛的修饰。

修眉可以在婚礼前一周进行，这样婚礼当天你的眉毛正处于最自然完美的状态。如果修理不当，一周的时间也有回旋的余地加以补救。

护理方法：无论你是选择蜜蜡修眉，还是眉镊或者眉刀，都建议你到专业沙龙去做，经过培训的修眉美容师可以轻松帮你修好眉毛。告诉美容师你婚礼当天的妆容，她会酌情打理最适合的眉形来搭配整个妆面。当然，最好选择自然的眉形，不要过细、过粗，也不要过分高挑。

鼻部美容

鼻部位于面部的中间，在五官中地位突出。如果黑头、出油等鼻部问题层出不穷，会直接影响准新娘面部的美观程度。下面的鼻部美容法，帮你轻松拥有气质鼻。

1. 鼻部美容按摩法

揉鼻根：用两手大拇指指腹轻按在鼻根穴上，做轻柔缓和的回旋揉动，然后揉按到迎香穴。

摩鼻翼：用两手大拇指或食指、中指的指腹轻按鼻翼两侧的迎香穴，按揉片刻，再沿鼻翼两侧缓慢地向上按摩，经睛明穴直到攒竹穴后再按揉片刻结束。反复进行10遍。

此法可改善鼻部血液循环，使鼻部皮肤光洁。

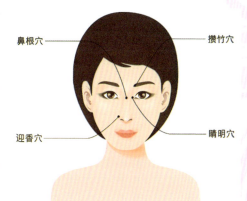

2. 通鼻开窍按摩法

双食指指端螺纹面分别置于双迎香处，吸满气后按下，呼气时还原。

重复5~7次。

以双食指指端有节奏地敲双迎香穴，重复32次。

以双食指指端螺纹面揉双迎香穴，顺、逆时针方向各8次。

此法有通鼻开窍、散风清热、强身美颜之功效。

唇部护理

唇部是女人魅力的有力体现部位。"杏面桃腮，唇色朱樱一点"。唇，对女人性感的重要性不言而喻。如果嘴唇干燥脱皮，会影响口红的上妆效果，柔软娇嫩的双唇能给你婚礼当天加分不少。所以要提前一周开始唇部护理，缓解、淡化唇部细纹，让你的唇妆更服帖、完美。

1. 去死皮　卸妆后，用热毛巾敷在唇部2~3分钟，充分软化死皮，然后用湿毛巾或柔软的小毛刷轻轻去除死皮。若是嘴唇干裂严重的人，可在热敷后把滋润去角质霜涂在唇部，然后用指腹轻轻按摩，让死皮慢慢脱落。

2. 唇部按摩　按摩可以帮助嘴唇增加血液循环、活化细胞功能、促进新陈代谢，令其柔韧细腻。唇部按摩可以在做唇膜之前或与去除死皮同时进行，这样可帮助唇部皮肤更好地吸收营养，还能柔和地去除死皮。方法：用食指指腹轻轻在嘴唇上划小圆圈，数分钟即可。

3. 做唇膜　唇膜与面膜、眼膜同理，都是通过隔绝外界空气使皮肤快速升温，以达到促进营养吸收的目的。学会做唇膜并养成习惯，绝对是一个护唇的好方法。具体做法：可用专门的唇部保养乳润唇膏，厚厚一层涂在唇部，剪一块保鲜膜完全覆盖在上面，20分钟后洗去即可。

4. 选口红　新娘妆最重要的是在色彩缤纷的唇膏世界中，找出适合自己的唇膏。

首先要了解皮肤状况，选择

合适的颜色：东方人的皮肤一般偏黄，暖色系列应是首选，但尽可能地避免使用粉红色。粉红色虽然好看，但它并不适合东方人的皮肤，涂上它反而会显得皮肤蜡黄不健康，只有皮肤白皙的人才适合粉红色系，涂上之后会衬得肌肤白里透红。

口红唇膏分为雾面和亮面两种。雾面口红会使双唇有收缩感，显出唇的立体效果；亮面口红则会使唇型看起来膨胀丰腴些。

如果想让双唇呈现粉质的柔光色彩，不妨在涂完口红之后，再打上一点蜜粉，嘴唇上下抿一下，双唇便能完全呈现出柔和的质感了。

5. 唇线笔　是口红的好伴侣。在用口红之前，一定要用唇线笔勾画出唇形。画了唇线之后，唇形会很美观，唇也很饱满，会给人干净艳丽的感觉。对于唇形不整齐的人，也是一次很好的修饰，还可以防止口红向四边晕开。

牙齿美白

新娘的笑容是世界上最幸福的表情，当然不能让一口黄板牙破坏了这一生一次的美好画面。让牙齿洁白的方式很多，较常见的包括漂白、全瓷贴片、全瓷牙冠（假牙）等。其中漂白是美白牙齿最简单方便的方法，它又分为冷光、雷射、电浆光、牙托美白等。准新娘们可咨询专业医生选择适合自己的方法。

牙齿美白，根据牙齿颜色的深浅、形成原因，常用以下三种方式来进行，准新娘们可酌情选择。

1. 洗牙　常规的是超声波洗牙。针对的是正常牙齿表面色斑，只要将污染物和牙结石清除掉，就能将牙齿恢复为原色。洗牙可半年左右进行一次，并注意平时选用有美白牙齿功能的牙膏，并尽量做到不吸烟或少吸烟，少喝有色饮料。

2. 药物漂洗法　主要适用于轻度色素牙、牙釉质发育不全、因年龄增长牙釉质改变而引起的牙色发黄。这仅仅是表面变白，因而对颜色较深的四环素牙、氟斑牙等效果较差。通常做法是，医生根据患者牙形做一副牙托，然后患者每天睡前把漂白溶剂点进牙托里，戴在牙齿上，以达到逐渐去除污渍的漂白作用。

3. 光敏贴面　贴面，就是在染色牙表面粘贴一层近似正常牙色的材料，用以遮盖牙齿上的颜色。现在，较为广泛运用的是树脂材料。但由于树脂本身半透明，所以对中度的有色牙比较有效，对严重的四环素牙起不到最佳效果。光敏贴面可保持几年的时间，但容易脱落、变色并引起牙龈肿痛、出血等症状。

◎ 打造优雅美颈

唐代诗人韩偓以"鬓垂香颈云遮藕"描写女性颈部的馨香、嫩白、光滑、丰满，堪称经典。的确，玉颈生香，令人生出无限遐想。那么，就按照下列方法，塑造您的美颈吧。

精致新娘优雅美颈打造大计划

很多MM十分重视面部的保养，却忽视了颈部的保养。其实，颈部出现皱纹的时间绝对比眼纹还要早，并且一旦出现，会比眼纹更深、更明显、更难消除。想要呵护颈部肌肤，首先要应对的就是让颈部不雅的三大问题：细纹、松弛和暗沉。

消除颈部细纹　颈部的皱纹通常有两种，一种是初期老化的皱纹，十几岁时便开始出现，这种皱纹通常不明显。另一种情况是受紫外线的影响，并随着年龄的增加而使皱纹加深，这种皱纹通常很明显，如果不注意护理，从25岁开始，颈部便有明显皱纹了。另外，错误的睡姿、环境过于干燥等原因也会产生皱纹。

解决方案：

1. **日常呵护**　日晒较为强烈时，应擦防晒霜保护颈部；冬季风沙大、气候较冷时，应围上围巾保暖防风，防止皮肤干燥。对于敏感型皮肤的准新娘们则建议不穿透气性差的化纤衣服。良好的日常生活习惯对于颈部健美具有非常重要的影响。

2. **枕头的选用**　睡眠时，高的枕头使颈部弯曲，容易产生皱纹，因此应使用较平的枕头。

3. **护理程序**　每天在洁面的同时应清洁颈部，用柔和的洗面奶清洗；将面部和颈部用干毛巾擦至八成干后，涂上具有滋润功效的爽肤水；再使用美颈霜或滋润型的护肤霜。

当颈部细纹还不太严重时，可以针对性地选择给颈部以特殊的保养，每日最好使用颈霜仔细按摩肌肤。美颈霜大多质地细腻，能有效紧实滋润颈部肌肤，恢复颈部肌肤自然弹性，有效防止颈纹产生。如果没有美颈霜，也可以选择可淡化细纹的面霜来代替。

颈部不像面部因吸收过多油分而易引起粉刺、暗疮，所以可选用油分多的护肤霜。如果是油性皮肤，面部可使用洁爽的油脂平衡乳液，颈部仍可使用油分较多的滋润营养霜。涂完颈霜或滋润营养霜后，需做颈部紧肤按摩。

4. 按摩方法

①先将颈霜均匀涂抹在颈部。

②除拇指以外的剩余四指并拢，这四指的力道相对比较柔和，用这四指的指腹对颈部进行轻柔按摩。

③以右手按摩左侧颈部，由胸前往上按抚到下颌处。

④以左手按摩右侧颈部，同样由胸部往上按抚到下颌处。

消除颈部松弛　颈部与脸部相连，因此也是难以运动到的身体部位之一。一旦不运动，颈部就会堆积赘肉，双下巴就是最直接的表现。颈部不能有赘肉也不能皮肤松弛，因此最需要知道怎样紧致颈部的皮肤。造成颈部赘肉的原因主要有长期伏案工作、枕头不合适等。那么如何去除颈部赘肉呢？

解决方案：

1. 护理程序　一般来说，抗老紧致产品通过40％的保湿+30％抗氧化+20％促进胶原蛋白增生+10％加速细胞新生来帮助肌肤维持在一个稳定的状态。现在许多抗老产品都特别添加了紧致、提拉成分，其中最有名的成分莫过于类肉毒杆菌（六胜肽）。不过使用紧致产品一定要持之以恒，这样才能达到告别颈部松弛的目标。

2. 运动法

①双手轻轻握拳，伸出双手的大拇指。用大拇指从脖子的根部开始向上均匀按摩整个脖子。最后在耳朵下稍稍用力按压，然后放松。每天重复按摩脖子数次。

②向后稍微后仰脖子，眼睛望着天花板，双手四指伸直并拢。从脖子的

根部开始由下向上做按摩。正面和背面可以双手按摩，脖子的侧面可以单手按摩。每天按摩至少5次。

③站立或者坐下，端正头部，眼睛望着前方。肩膀放松，头部慢慢向后仰，直到最大限度，然后恢复到开始状态。重复练习10次。然后头部向前、向左、向右重复练习10次。

④端正头部，伸直四指并拢，四指从耳后一直向下推，直到推到锁骨的位置。然后再回到耳后的位置反复练习这个动作。

⑤流畅地反复进行以上动作，可防止颈部皮肤松弛，促进肌肤光滑。

肤色暗沉不均　紫外线过度照射、长期卸妆不彻底等容易使肤色暗沉不均匀。

解决方案：

1. **护肤品保养**　颈部暗沉许多时候是由于角质层过厚而造成的。所以在给脸部去角质的时候，别忘了往下一点。一个月为颈部祛除一次角质，慢慢就会发现暗沉的肌肤渐渐有了光泽。如果颈部暗沉情况非常严重，使用含有果酸成分的护肤品见效是最快的。

如果对颈部肤色（偏黑）不太满意，还可以用土豆泥（土豆削皮煮熟捣成糊状）加一匙植物油和鸡蛋清搅匀，趁热涂敷，可使颈部变得白皙、细嫩。如果每日服用核酸800毫克，一个月之后颈部皮肤会更加细腻嫩白。

2. **美颈按摩养成法**（方法一）：

①在颈部均匀涂抹上去角质霜。

②轻轻画圆圈按摩颈部肌肤10~15圈。

③清水将去角质霜清洗干净，再用力按摩颈部两侧穴位3~4次，有酸痛感即可。

3. 美颈按摩养成法（方法二）：

①两只脸盆一只放冷水，一只放热水，脸盆里各放一块毛巾，热水的温度大约在50℃左右。

②先取出热毛巾，稍挤去水分，把毛巾展开，敷在下巴和颈部，时间为两分钟。

③然后拿掉热毛巾，敷上冷毛巾，用同样方法冷敷两分钟。

④依此方法，冷热交替敷3次。

⑤用干毛巾擦干颈部，立即涂上收缩水、颈霜或祛皱营养霜。每周护理两次。

自制颈部护理膜

1. 果蔬汁颈膜

材料：黄瓜半根，西红柿1个，苹果半个。

做法：用果汁机将黄瓜、西红柿、苹果榨汁。

用法：用颈膜纸泡汁后敷在颈部，15分钟后用温水洗净。

功效：这款颈膜能给颈部保湿，也可以帮助去除颈部陈旧角质和死皮。

2. 蛋清蜂蜜颈膜

材料：鸡蛋清、淀粉、蜂蜜各适量。

做法：鸡蛋清配上淀粉、蜂蜜调成糊状。

用法：均匀涂在颈部，30分钟后洗净。

功效：有收紧颈部肌肤的作用。

3. 土豆橄榄油颈膜

材料：土豆1个，橄榄油15克。

做法：将土豆蒸熟、捣泥，在土豆泥加上橄榄油搅匀。

用法：趁热涂抹在颈部，待冷却后洗净。

功效：这款颈膜有滋润功效，使颈部白嫩、漂亮。

4. 珍珠粉牛奶颈膜

材料：珍珠粉3克、面粉10克、牛奶15克。

做法：将用珍珠粉、面粉、牛奶充分混合。

用法：敷在颈部，涂后要用保鲜膜包裹住，并在外面敷一条热毛巾，这样吸收效果更好。

功效：这款颈膜不但能有效滋润颈部，更有美白的功效。

🌹 好后背更自信

背部，是展示女性魅力的重要部分，那一道柔美圆润的弧线更能体现出女性的妩媚。好好宠爱你的玉背，当你穿着华美的露背装参加婚礼时，那写满性感符号的美背，一定惊艳全场。

彻底改掉驼背的毛病

终日对着电脑或是久坐的你，是否由于长时间"粘"在坐椅上而让你的背部渐渐忘却了挺起来的感觉？

谁是驼背的罪魁祸首？

◎自身胸椎、腰椎肌力不足。

◎使用电脑时姿势不正确，电脑椅对后背的支撑不足。

◎穿高跟鞋时走路姿势不当。

随着压力对胸椎和腰椎长年累月的损害，胸椎周围的肌肉会疲劳并有可能会出现关节错位的情况，降低了关节原有的灵活性，久而久之就形成了驼背。在习惯了姿势性的驼背后，身体为了保持平衡，头部与盆骨常会向前倾，手臂和肩膀也会向内扭转。这不仅影响了形体美观，还会引发腰背酸痛、手脚酸麻、呼吸短促等症状，严重的话还可能会压迫内脏器官，不利于身体健康。

贴士：最好穿有气垫保护脚底的鞋子，鞋底应具有一定的柔软度、厚度、弧度及弹性。不要穿鞋跟太高或太细的高跟鞋。

一些改善轻微驼背的方法

背靠墙壁 由后脑勺起，双肩、臀、脚后跟这四个部位全部贴住墙壁，将此动作养成每日的习惯，每次至少10分钟，习惯抬头挺胸的感觉。

常照镜子　常常检视自己的姿势，时时提醒自己要抬头挺胸。

扩胸健康操　双手伸到背后合掌，手指朝上，掌心相对。将此动作养成每日的习惯，每次持续5~10分钟。

适度的穿高跟鞋　穿适当高度的高跟鞋，人会不由自主地缩小腹、挺胸。但鞋跟不宜太高，以免脚趾变形。

注意坐姿　尽量不坐沙发，因为软绵绵的沙发会让人瘫在沙发上。而且椅子只坐三分之一，更能让你保持直立不驼背。在病态发生前改掉驼背的习惯，不仅可以美化曲线，还能让你的自信度和人际关系大幅加分。

塑造美背三要素

光滑的美背能给人最美妙的视觉感受，掌握了以下三要素，你就可以成为婚礼上当之无愧的背影女王。

1. 调理

清除无情小斑点　除了脚板底的肌肤之外，背部肌肤是全身最厚的部分。正因为如此，背部的循环代谢能力较弱，脂肪及废物也比较容易堆积而形成粉刺。想要拥有完美的背部肤质，可利用深层洁肤膜来清除毛孔中的脏污。另外，若担心洁肤膜会使毛细孔变粗的话，可在清除洁肤膜后，洒上一些收敛水。

去角质不留情　后背的肌肤上分布着许多皮脂腺，天气闷热时很容易出现皮脂腺分泌过盛的情况，油脂很容易阻塞毛孔，造成毛孔粗大，形成暗疮。要想避免这种情况，就要经常去角质。每周进行一次全身的特殊护理，可以取适量果酸产品或去角质霜敷在背部轻轻按摩，也可选用硫磺皂，或消炎的精油(如茶树油、薰衣草油等)加入水中使用。清除阻塞毛孔的污垢和代谢废物，消除肌肤表面的粗糙和硬化现象，让背部肌肤更光滑细致。之后使用含有海盐成分的海泥敷体膜，除了美肤外还能安定神经，舒缓精神。这样的工作在炎炎盛夏时尤其要时常进行，才能拥有健康的背部。

沐浴时如果无法用手清洁背部，可以借助专用的长柄浴刷轻轻擦洗或使用丝瓜络，都是非常方便、实用的方法。先从背下侧向肩膀方向上下刷洗，再从肩侧向背部脊椎方向螺旋刷洗，动作尽量大些，效果才好。

浴后拍上去角质化妆水，可促进老旧角质脱落，并抑制油脂分泌过盛，使肌肤变得清爽、洁净。接着，要为清洁后的背部做深层去角质的工作。这一项可以自己购买使用磨砂产品DIY，也可以选择一家信誉良好的美体俱乐部轻松享受专业服务。最后，选用水性的身体乳液为背部保湿、紧实。这样即可拥有白皙的背部。

2. 锻炼

越来越多的人在工作时，身体不断地保持一个姿势好几个小时，而我们的身体是为那个打猎和奔跑的时代设计的。背部肌肉不使用就会变得虚弱，而类似突然转身这样的激烈动作又会使它受伤。工作结束了，我们最喜欢的姿势就是坐在椅子上，以为这样就能全身放松、休息。其实这种姿势给背部肌肉带来超负荷的负担，远甚于正襟危坐。所以每天利用睡前10分钟做做背部伸展动作，不但能让背部不再紧绷，也能增加背部肌肉的紧实度。

此外，还可以通过专门的运动和舍宾动作塑造美丽的背部，自己在家也可以学习模特用头顶书，以帮助脊背伸直。一个拥有美背的女人，她一定不是懒懒散散的，即使坐在沙发里也不会像散了架的样子。优雅的女人不一定是花容月貌，但一定不是驼着背拖着臃肿身体走路的女人。

3. 装饰

背部的装饰手段很多，含蓄一些的时尚女性可选用身体亮粉，让肌肤质感细腻而光滑，散发微微的光泽，让你在人群中闪闪动人。当然，并不是所有人的背部都是那么光润、毫无瑕疵，难免会有一些小斑点、毛孔较粗、肤色不匀的问题。在穿着露背装之前，选用与脸部同色的粉底非常有必要。特别是在婚礼上要穿露背装前，应选用遮瑕膏点在斑点上，然后使用粉底乳薄涂，最后以蜜粉定妆。平时，可直接使蜜粉，既快效果也好。前卫的女性更可选用身体彩绘、亮片文彩、水晶贴，甚至是文刺来装点你的背，让你在不经意的转身之间，艳惊众人。

9种运动消除背部赘肉

背部的赘肉是很多MM心中的痛，背部的赘肉很容易长出来却很难减下去，因为没有什么运动可以锻炼到后背，如果你不想被人觉得是虎背熊腰的话，那么下面这9种瘦背美背运动，会帮助你甩肉去脂。

1. 拉橡皮筋　双脚打开与肩同宽，双手自然下垂，握住橡皮筋两端，橡皮筋长度以正好垂地为佳。双腿膝关节微屈，用脚尖或脚掌中心踩住橡皮筋，同时双手紧握皮筋自身前平拉，两臂与地面水平时静止，并坚持5~10秒后放下继续。15~20组/次，3次/天。

2. 持铃耸肩　两脚分开宽于肩站立，两下肢前持哑铃，手背朝前。双肩用力上提，然后放松。反复做10~15次。提肩后要向后拉下，效果最好。主要锻炼斜方肌下部和提肩胛肌。辅助锻炼大、小菱形肌，大、小圆肌，棘下肌。

3. 俯身划船　俯身，腿可直可屈，两手自然下垂持哑铃。用力屈臂提肘，做划船动作，反复做10次。主要锻炼背阔肌，辅助锻炼斜方肌中、下部，大、小菱形肌，大、小圆肌，棘下肌。

4. 站姿挺胸　提踵站立，两手体后叉握，手心向下，用力后引，静止5~10秒钟。要用力挺胸，使肩内收。这种运动可以锻炼大、小菱形肌，斜方肌中、下部，大、小圆肌。

5. 站姿挺胸转体　两脚分开宽于肩站立，两手在颈后宽握横杠（可用木棍或塑料棍）。慢速向左右转，每侧10次。要有意识加以挺胸。主要锻炼斜方肌中、下部，大、小菱形肌，大、小圆肌，棘下肌。

6. 俯身提肩　俯身、腿可直可屈，两手自然下垂握哑铃。用力上提肩关节，内收肩胛。反复做10~15次。肘关节保持伸直，注意力在后背上。主要锻炼斜方肌中、下部，大、小菱形肌，大、小圆肌，棘下肌。

7. 俯卧挺身　两臂伸直俯卧。握拳屈臂，同时挺身（两头起）。反复做10~15次，主要锻炼骶棘肌，辅助锻炼大腿后部、臀肌。

8. 哑铃操　将拇指和食指间的虎口紧贴哑铃，以手心朝着身体内侧的方向抓起哑铃，然后向上做反复的推举，举起哑铃时呼气，放下时吸气。注意推举时不要使用手腕的力量，也不要弯曲手腕。如果觉得1公斤的哑铃太轻，也可以选2公斤重的哑铃。

9. 划桨练习　除了不放过任何一个划船的机会，也可以在家模仿划桨动作。建议你放上音乐，时而快时而慢地调整动作频率，这样可以让锻炼变得更有趣。做完划桨练习后还可以做些大幅度的转体动作来强化背部的深层肌肉。注意转体时双臂要随着身体自然摆动。

🌹 不可小觑的焦点之胸

古往今来，赞美女性胸部的文字不计其数。韩偓在其《席上有赠》一诗中"粉着兰胸雪压梅"之句，以"兰"字和"雪"字形容胸部的香嫩粉白，而"梅"字当指雪胸上鲜红的乳峰。可见，胸部之于女人，成了当之无愧的"焦点"。为了让这"焦点"魅力长存，以下丰胸要点，女人不可不知。

细节打造完美胸部

要想展现出动人的曲线美，就要从现在开始改正不正确的姿态，用健康的饮食和生活方式，开始一场凹凸有致的革命吧。

贴士：睡觉时不要戴文胸，有人误认为睡觉时戴文胸可避免胸部外扩和下垂，这是不对的。因为文胸的钢丝会压迫胸肋骨，阻碍正常呼吸，而且人在侧睡时文胸易变形，所以应摘下文胸，轻轻松松进入梦乡。长时间穿戴紧身的胸围，会让胸部被长期压迫，影响血液循环，阻碍胸部的发育和健康。选择合适的胸衣至关重要。

调整姿态

驼背 经常含胸、驼背，时间一久就会影响到胸部的健康。所以，我们应该保持昂首挺胸，而且要时刻注意。

弯腰 由于工作节奏紧张，往往不由自主地就会塌腰，这不仅会增加腰椎的负担，而且还会阻碍血液循环，从而影响到胸肌的发育。所以，经常直直腰，靠墙站立会让你心情和胸部都得以放松。

抱臂 经常将双手环抱于胸前的姿态，会加剧胸部的负担。尝试放松地将手自然垂放于腿两侧，或伸伸懒腰，才有助于改善胸型。

趴睡 趴着睡觉不仅会影响面部的美丽，而且更会遭到胸部的抗议。尽量少压迫胸部，仰卧微向右倾，才是最好的姿势。

丰胸健身计划

对于女性初练者，组合器械是最行之有效且安全的锻炼方式，做胸部练习时一定要注意挺胸抬头。

上胸紧致：（可利用上斜推胸组合器械）

在进行上斜推胸练习时，双手尽量窄握。为了美观，上胸的肌群不宜过大，以提高肌肉的品质从而提升上胸肌群的牵引力为主。

丰满胸部：（可利用平行推胸组合器械）

在进行此项练习时，肘、腕与肩处于同一水平面位置，重量中等。前推时充分体验肌肉收缩的感觉，然后慢慢地放回原处，动作不易过快。锻炼时尽量保持均匀呼吸。每次3~4组，每组15~18次。

增加胸围：（可利用下斜推胸组合器械）

此项练习强度要稍大，下胸的肌肉可直接影响胸部的围度，可使胸部显得更加挺拔。下推时充分体验肌肉收缩的感觉，然后慢慢地放回原处，动作还原时不易过快，锻炼时尽量保持均匀呼吸。每次3~4组，每组10~12次。

乳沟雕塑：（双臂交叉拉力训练）

站在两个拉手中间，臀部稍屈，右脚在前，左脚在后，双臂充分伸展。双手向下划弧线相互靠拢，肘部微屈，双手在下面交叉，改变前后关系，充分体验肌肉收缩的感觉，然后慢慢地放回去，使胸肌得到最大的拉力。

丰胸精油

丰胸精油是从植物的根茎中提取的纯天然成分，相对于其他药物来说更加健康与安全。丰胸精油在按摩下渗透进入肌肤，从而进入乳房组织的细胞中，刺激细胞的呼吸功能与激活能力，达到改善胸部下垂，提升、增大胸线的效果。丰胸精油大致有这几类：

葡萄籽油　葡萄籽油可以降低紫外线的伤害，保护肌肤中的胶原蛋白，改善静脉肿胀与水肿，预防黑色素沉淀，使肌肤保持应有的弹性及张力，避免乳房下垂。

月见草油　对于干性老化或干裂的肌肤，是一种极佳的保湿剂，且促进

女性荷尔蒙的自然生长，让发育不良的乳房快速增长，有隆胸效果。

依兰花油　对女性有多元的帮助，亦有"子宫补药"的称谓。可用于经前症候群、性冷感与性无能的改善，另一个作用是保持乳房的弹性。

玫瑰花油　被称为"精油之后"。具有抗敏感、保湿、美胸，消除黑眼圈、皱纹、妊娠纹等功效。

使用方法

第一步：用热水冲洗胸部，水温稍高些可加速胸腺组织血液循环，擦干后，滴5~6滴精油在手掌，以大拇指为一边，另外四指合拢为一边，虎口张开，从两边胸部的外侧向中央推。

第二步：手保持同样的形状，从左胸开始，左手从外侧将左乳向中央推，推到中央后同时右手从左乳下方将左乳尽量往上推，两只手交错着推左乳，重复30次，换右乳房，此动作可是提升胸部。

第三步：手弯成罩子状，五指稍分开，能罩住乳房的样子，要稍稍弯腰，双手罩住乳房后从底部往乳头方向做提拉动作。

第四步：双手绕着乳房做圆圈形按摩，按摩到胸部剩下的精油都吸收干为止。

贴士：

1. 18岁以下以及被诊断出乳房有问题的女性不宜使用丰胸精油。

2. 丰胸精油要存放在阴凉干燥处，避免阳光直接照射，避免小孩接触。

几款简单的精油配方

1. 促进胸部发育　迷迭香10滴＋玫瑰5滴＋基底油10毫升。

2. 防止松弛下垂　檀香3滴＋依兰3滴＋基底油5毫升。

3. 健胸增大　①玫瑰2滴+茴香2滴+天竺葵2滴+基底油10毫升。
②天竺葵2滴+依兰4滴+基底油10毫升。

4. 结实收紧　玫瑰2滴+天竺葵4滴+甘菊2滴+基底油10毫升。

5. 改善过大下垂　柠檬汁2滴+丝柏2滴+杜松2滴+基底油10毫升。

第二节　发质养护篇

　　乌黑、亮丽、浓密、修长是中国古代美女头发的标准。虽然星移斗转，但无论是云鬟高耸，还是长发及腰，一头秀发，永远都是女人不可或缺的"标配"。因此，怎样打理使其光鲜常驻，为准新娘美丽加分，实在是不容忽视。

🌹 护好秀发从基础开始——正确洗发

　　头发人人会洗，但巧妙各不相同。根据皮肤科医师表示，约有80％的人不知道正确的洗头方法。而长期错误的洗头方式，会直接影响头皮与发质的健康。所以，想要拥有一头闪亮动人的发丝，就必须先从建立正确的洗头观念开始。选择了适合自己的洗发水之后，我们可根据以下4个步骤将头皮与头发彻底清洁。

　　1. 洗头前，先用梳子将头发梳开，借用梳子按摩头皮，然后用清水先将头发冲洗一遍，这样可使头发上的灰尘、脏污及头皮屑略微减少。如此，在洗头时，便可减少洗发水的用量，以降低对头皮的刺激。

　　2. 将1元硬币大小的洗发水倒在手上，加水轻轻搓揉至起泡，再涂抹于头部清洗，然后冲洗干净。如此重复两次，便可彻底清洁头皮与发丝，切记千万不要直接将洗发水倒在头上搓洗，如此容易造成头皮局部的洗发水浓度过高，长久下来，可能会有异常脱发的后遗症。

　　3. 洗头发时应以画圆圈的方式洗头。一边用指腹按摩头皮，可促进血液循环，切记千万不要用指甲搔抓头皮，这样的动作容易使头皮受伤。而油性头皮者应着重清洗发根，干性头皮者则不宜清洗太久，以免让洗发水与头皮接触的时间过长。

4.用大量的清水将洗发水冲洗干净。如果冲洗不干净，洗发水残留将会造成头皮过敏现象。不过，别误以为热水的溶解力高而用高温的水来冲洗头发，热水可是伤害头皮的杀手，高温会使头皮水分流失而变得干燥。所以，如果你担心冲洗不干净，可用温水或冷水多冲洗几次即可。

贴士：头皮屑患者可使用药性洗发水，但洗头方式则略微不同。第一次洗头后先将头发冲洗干净，第二次洗头时则不要马上冲洗，让洗发水的泡沫停留5-10分钟，以使药性发挥作用。

❀ 不再为发质的护理而郁闷——各种发质的正确护理

人们的肤质有不同，同样的我们的发质也有很大的差异。有的人是干性发质，有的人则是油性发质。针对不同的发质，护理方法当然不一样。这里，我们总结三种不同发质的护理方法。

干性发质每次洗头都要护发　干性发质由于皮脂分泌少，头发总是异常干燥，而干燥正是容易受损的前兆，因此在每次洗发后，最好都能加以护发。干发和别的发质不同的是，护发最好分两次进行，也就是洗发前后各一次。洗发之前的护发，目的是要按摩头皮，使毛孔的污垢溶解出来，同时也可以避免头皮及发梢太过干燥。做法是先将头皮及头发在温水中充分浸湿，轻轻梳开后，挤去多余水分，再以适量的护发素涂在头皮及发丝上，稍加按摩后，把护发素冲掉再洗头。洗发之后的护发则以一般的护发程序来进行。如果能利用护发时间泡个热水澡，在血液循环顺畅以及热气的配合下，护发效果将会更好。

油性发质每月护发一次即可　油性发质人的皮脂分泌十分旺盛，发根附近通常都是油亮亮的，一般人都会觉得油性发质的平日清洁工作往往比护发更加迫切，但是正因为洗发次数比别的发质可能要多上一倍，因此每个月仍应护发一次。油性发质的护发工作和其他发质不同的是要注重头皮的按摩，因为按摩可以促进头皮的血液循环，清除阻塞在毛孔上的皮脂、污垢及汰换的细胞，使头皮更健康，其余的护发程序按一般方式即可。最后冲洗时，可以用一、两滴柠檬汁滴在水槽中稍微泡一下头发，头发会更加清爽、有光泽。

中性发质护发次数不必太多　中性发质在所有的发质中是最健康的，既不会太干也不会太油，在显微镜下，头发的组织完好无缺，因此并不需要特别的保养，护发次数也不必太多，平均大概每洗3~5次头发，护发一次就够了。护发前，先将洗净的头发擦至半干，然后将适量的护发素均匀地涂在头皮及发丝上，先按摩头皮，再从发梢到发根轻轻拍打一遍，挤去多余的水分后，包上热毛巾，再上浴帽保温，大约10分钟就可以冲掉了。冲的时候一定要冲干净，因为多余的护发素留在健康的发质上反而是一种累赘。

🌹 锦上添花的染发——染发的对与错

染发对人体的伤害与我们的染发习惯密切相关。天气、颜色等看似无关的因素，都可能加重其危害。

雾霾天染发更致癌　据国际权威科学杂志《材料》的报道，染发剂含有害物质仲胺，它作为染料固定剂可以让颜色更稳定，但能渗透到头发和皮肤中，并停留数周、数月甚至数年。它能与烟草、烟雾或空气中的废气反应，形成强致癌化学物亚硝胺。因此，雾霾天染发致癌风险可能更高。

染的颜色太深太艳　一份美国最新研究报告表明，颜色越深的染发剂，致癌风险可能越高。一般情况下，颜色较深或鲜艳的染发剂，对苯二胺的含量较高。而含有对苯二胺之类的染发剂多为永久性的，这类产品因效果更持久更受青睐，但对头发头皮的伤害更大。半永久性或暂时性染发剂的染发效果，洗5~10次头后就没了，损伤较小。

又染又烫伤害大　不少人为图方便，选择染发和烫发同时进行。其实烫发使用的药水多含有碱性成分和氧化剂，它们会破坏头发表层，使头发的内部结构失去保护，导致头发发黄、发脆，没有弹性和光泽。此时再染发对已经受損的头发无疑是雪上加霜。

不适合染发偏要染　以下5类人群最好别染发，否则伤害更大。

1. 对染发剂过敏者，染发剂中的任何一种成分都可能诱发过敏。

2. 头皮受损的人，比如患有湿疹、疖肿、溃疡等皮肤破损或皮肤病的人，染发剂的有毒有害物质更易被吸收至体内。

3. 肝肾功能不全的人，他们机体的解毒能力减弱，中毒风险增加。

4. 正在妊娠、哺乳的女性，妊娠期女性机体更敏感，染发更容易过敏。

5. 有癌症家族史的人，他们比一般人更易患上肿瘤，应尽可能少染发。

怎样染发少伤身

1. **慎重对待染发**　染发是颜色通过毛发皮层渗入角质层深层导入的过程。因此准新娘在染发前要对产品详细了解，咨询染发专业人士，选择品牌的染发用品，并且在染前一定要做皮肤敏感测试。

随便、盲目的染发既不考虑自己的皮肤特质，也不考虑健康因素，只是单纯追求美丽效果或因婚礼太过忙乱而草率地选择染发的准新娘们，最容易因染发引起皮肤炎症而影响婚期。

2. **随时补色**　准新娘们染发一般要在婚礼前的一个月完成，期间原色发根也会生长出来，为保持婚礼造型效果完美，染发后的补色程序必不可少。

3. **拥有永久发色**　有的准新娘认为选择永久性染发剂就会万无一失，其实紫外线、洗浴、游泳都会对头发颜色有着不同程度的褪损。

4. **染发后的特别呵护**　细心的准新娘在染发后会购买针对染发设计的专业护发产品，严格按照专业发型师的建议进行按摩护理，长久保持发色的鲜艳亮泽，以达到完美效果。

9招助你安全染发

爱美之心人皆有之，如何才能兼顾美丽和健康呢？专家们给出以下建议。

染发前一天别洗头　头皮分泌的油脂能很好地保护头皮，它们能在一定程度上避免有害物质通过头皮渗入体内。因此，染发前一天最好别洗头，也别用护发素，否则会影响着色效果。

染发前做皮肤测试 染发前应取染发剂涂在耳后或手臂内侧娇嫩的皮肤处，观察2~4天，如果没出现红斑、丘疹、水疱等过敏反应再染。

发际周围抹点乳液 在涂抹染发剂前，可在发际周围抹点乳液或凡士林油膏，这样可防止发际沾上药水比较好清洗。染发前，还可以提醒美发师尽量将染发剂涂抹在离发根1厘米处，避免染发剂直接接触头皮。

不混用染发剂 不要将不同品牌的染发剂混合使用，以免发生不必要的化学反应，生成有毒有害物质。

一年最多染两次 不要频繁染发，两次染发之间要间隔3个月以上。

染完后多清洗 为避免染发剂长时间残留在头皮上，染发后应多洗头，洗时要避免抓破头皮，以免化学物质进入体内。

别轻信纯天然产品 选用浅色或褪色快的染发剂，其中的对苯二胺含量较少。准新娘要尽量避免染过于鲜艳的颜色。

选对产品和美发师 相对来说，大品牌染发剂质量和安全性都更有保障。有资质的美发师在涂抹染发剂时会更专业。

🌹 几款不同风格的新娘盘发

新娘化妆过程中，发型是最复杂的。气质新娘最喜欢的盘发类型有浪漫蕾丝盘发，复古典雅盘发，新时代浪漫新娘盘发，温婉浪漫盘发等，以下为您详细介绍。

1. 浪漫蕾丝盘发 浪漫的新娘自然不会错过蕾丝盘发。经典的耸立丸子头，简洁清爽但过于单一，状若蕾丝的水晶发饰围绕发髻，更能体现女人气质。前额的头发，向上微微轻挑，尽显大气的女人味。

2. 复古典雅盘发 中国传统女性最向往复古典雅盘发类型。东方女性的温婉贤淑在这款新娘发型中得到最好的体现。干净到顺滑的头发发丝，健康的乌亮黑发，复古的发髻，红色的发饰点缀，配上中式新娘礼服，展现出新娘纯情典雅、温柔似水的女人味。

3. 新时代浪漫盘发　追求时尚潮流的新娘总是喜欢新鲜的发型，这一款新时代浪漫盘发正适合她们的口味。多层次的凌乱发髻，结合头发的颜色，打造出充满现代气息的时尚新娘发型。在双发髻上用漂亮的花朵发饰点缀，更能展现浪漫清新的美女气质，典雅而富有动感。

4. 温婉浪漫盘发　每一款发型都演绎不同风情的女人，性感浪漫的女人最适合这一款发型。双鬓的性感卷发，头顶的细心处理，呈现出一种大气高雅，也更凸显了脸颊的完美。再搭配高领的新娘礼服，清爽干净又浪漫的性感女人味展现无遗。

5. 水晶王冠盘发　新娘盘发类型中，水晶王冠盘发显得高贵优雅，是很多梦想成为白雪公主的新娘的首选。配以漂亮的白色发饰和俏皮的侧编，打造出尊贵但又不失可爱的新娘形象。

6. 精致优雅新娘盘发　很漂亮的新娘盘发。将头发全部弄起来，配合着精致漂亮的头纱，更添动人气息，侧分编麻花的别致设计为整个盘发加分，这样的新娘盘发精致甜美，备受欢迎。

7. 高贵优雅新娘盘发

非常高贵的新娘盘发。全部头发弄成一个漂亮花苞，形成一股强大的气场，这款新娘盘发，脸型好的MM做起来会比较好看。花苞处的独特设计，有条不紊，搭上洁白大气的发饰，尽显高贵优雅范。

8. 简约梦幻新娘盘发　简约感的新娘盘发。整个发型配合着婚纱散发出迷人气质，那迷离的眼神，充满了梦幻的气息，后面盘起的发髻，简单却凸显气质。

9. 蓬松凌乱新娘盘发　蓬松凌乱感的新娘盘发。总体呈现出一种慵懒感，随性卷曲的刘海，展现出一种独特的凌乱美。脸型不是很好的MM也可以

试试，不过这款新娘盘发尺度有点难拿捏，容易显得粗糙、随意。

10. 蓬松梦幻新娘盘发　隐约可以看到飘然的发丝，整个盘发展现出一种蓬松感，带着一丝神秘，不留刘海的新娘盘发，有点仙子的味道，彰显清爽大气。

第三节　化妆技巧篇

"清水出芙蓉，天然去雕饰"固然美好，但对于准新娘来说，婚礼是一生一次、隆重热烈的，须用华丽的妆容来相配。

但能够化好妆，并不是件容易的事。试试以下的做法，定会对您大有裨益。

因面制宜，根据脸型来造靓容颜

千人千面，百人百态。新娘要想在婚礼当天拥有最完美的形象，应结合自己的脸型化妆，打造出最适合自己的亮丽妆容。

圆脸新娘　圆脸青春可爱，但也给人留下孩子气的印象，上镜会不会胖也是圆脸新娘担心的问题。眉峰要带出弧度，眉尾则略高于眉头，可以减少圆圆的感觉。唇部则需加宽嘴角，让唇形看起来狭长。

发型：将所有头发尽量向上盘起，增加头发的高度来拉长脸型。

服装：挑选V字领的婚纱和礼服，是圆脸变尖脸的秘密法宝。而穿圆领礼服时，领口大于脸盘，也会显得脸小。

方脸新娘　这类新娘的新娘妆眉形要有圆

润的弧度，眉尾向发鬓稍稍拉长，以缓和下颌线条，双唇则用唇笔描边，但不要超出唇线，以免让下颌角看起来更宽。

发型：长卷发披在肩头及额角，用柔软卷曲的弧线修饰脸型。如果是短发新娘的话，可要求造型师用头纱和花进行修饰。

服装：要掩饰过于宽大的腮部，最好选择装饰较多的领口，用蕾丝花边调整脸部硬朗的线条，或用U型领口来缓和脸型。

长脸新娘 虽然不用担心上镜显胖，但过长的脸型看起来总显得老气，不够亲切，因此长脸新娘要笑口常开。眉峰不能画得太高，顺着自然弧度，平缓拉长一点即可。唇形要力求丰满，这样脸型会显得较为圆润。

发型：在脸部两侧做发型，以增加脸的宽度，修整过长的脸型，同时刘海可以在很大程度上将脸型变短。切忌做高发型。

服装：新娘应尽量选择船形领、方领、一字领的婚纱和礼服，可以把脸形横向拉伸，达到平衡。

🌹 因色制宜，根据肤色来增添光彩

每个人的肤色都各不相同，造成肤色不同的原因一方面源于遗传，一方面在于环境。无论你的肤色是苍白、蜡黄还是黝黑，把握几个关键便能轻松带你捕捉到属于自己的光彩。

苍白肤色靠润色 调色隔离+双色"颊"击：有些女生虽然天生肤感偏白，却偏暗淡，总让人感觉像生了病，再加上偏白的人一旦有点痘印、斑点、红血丝等又格外明显，白皙程度大打折扣。此时便需要用润色产品和双层腮红制造出苹果光的感觉，才是白色肤感的最炫光彩。

偏粉隔离赶走影响光彩的斑点：白皙肌肤要润色首先不能让脸上的瑕疵影响了全盘大局，所以最好选择具有润色功能的防晒隔离产品，尤其是偏粉色的润色产品，这样能让脸庞增加一些温润的血色，脸上的小斑点、红血丝还有痘印，也不会显得那么突兀了。

1. 颧骨处粉底多频率按压才自然 在涂粉底的时候，要追求清、薄、透，保湿度要好，所以手法很特别。涂的时候最好用海绵把粉底一点一点按压在肌肤上，而不是涂抹，这样涂出来带妆时间会更长、更自然。注意颧骨部分，可以以点状面积快频率多按压，粉底带来的光泽感会特别自然。

2. 眼周提亮别用遮瑕膏 皮肤白皙的人黑眼圈更明显，一定要想方设法遮掉，而遮瑕膏往往又突兀又厚，还不容易涂好，不如用明彩笔或遮瑕笔混合一点保湿眼霜用在眼周，薄薄地遮去暗淡，提亮肤色，够薄够润眼底的光彩才会显得自然。

3. 液状腮红打底并用海绵推 不管你化妆与否，都建议皮肤白且暗淡的女孩用腮红，粉色的液状或膏状腮红会让你脸庞泛起柔和的苹果光。教你一招，把液状腮红涂在海绵块上，挤几下海绵使其吸收均匀，再往双颊上按压，效果会加倍自然。颧骨位置的粉色提亮是白皙肌肤不再暗淡的关键。

4. 定妆不用粉用腮红 要光泽持久还要定妆巩固，一定别全脸定妆，你可以请带有珠光粒子的粉状腮红来帮忙，轻轻几下扫在液状腮红周围，不仅将腮红更自然地融入皮肤妆感中，还能更加自然的突出全脸光泽。

黝黑肤色保持原色基调 暖色修容+裸唇呼应：天生肤色黝黑，看起来本身不占什么优势，但是一旦借助光泽成功提升，不仅会超有质感，还会变成那种让人羡慕不已的天然小麦肌。

1. 原色底妆制造润透质感 千万别抱着肤色偏黑就要试图变白的想法，要追求通透的光泽感非最贴近肤色的原色底妆莫属，底妆和皮肤颜色越接近，越容易显得通透，底妆是来提升质感的，并不是改变肤色的。

2. 暖色调高光更能强调肤色通透 要光彩，高光自然必不可少，黝黑肤色要显得有光泽一定要借由暖色调的高光来实现，白色的高光坚决出局，因为它看起来很不自然，而带有橘色、古铜色或暖色调混合的颜色才是黝黑皮肤的知音。

3. 眼周遮瑕改用高光才不显暗 　如果说高光常用在眉骨、鼻梁和眼周等地带，黝黑肤色的女孩只要关注T区和眼周这两处最关键的部位就可以了。这两处有了光彩，全脸生辉。眼周高光是为了赶走黑眼圈，因为如果肤色偏黑再有黑眼圈整张脸会显得不透亮、给人以脏脏的感觉。还是要靠暖色高光上阵，珠光蜜粉混合一点粉色腮红才能救驾。

4. 眼部来一笔金色提升全颜光 　彩妆师经常奉行一个"原色追加"的魅力理论，所以在小麦肤色的皮肤上用点和肤色接近的金色或古铜色都能提升肤色质感，而无论是用金色不规则打亮眼眸还是画一道类似眼线的线条，都很添彩。

5. 裸唇比饱和色唇更烘托通透度 　晶亮唇蜜涂在嘴巴上会让人瞬间觉得全脸光彩很和谐、通透，但是唇彩颜色千万别用饱和色，会让黑皮肤显得热，还是接近原色的裸色唇蜜能让光泽度从视觉上产生提升。

其他肤色的化妆方法

1. 偏黄肤色 　黄色肌肤是亚洲人特有的一类肤色，本身肤色偏黄的MM，可以使用比自然色亮一点的粉底。而亮粉色、玫瑰色或金棕色能将肌肤本身的厚重感和不太健康的颜色中和掉，点缀些珠光效果的腮红，会让你看上去更加具有熟女风范。或者紫色的修容液修正肤色后再涂自然色的粉底，紫色修容液可以让偏黄肤色显得明亮、红润。适合肤色偏黄的眼影颜色是紫色和淡蓝色，白色与咖啡系的搭配也可以尝试，还有小烟熏妆效果也不错。腮红和唇彩也需在橘色里加一点暖色才会与妆容协调。

2. 偏红肤色 　偏红的肤色最好用偏绿的粉底或者用绿色修容液将肤色调整到自然色。眼影一定要用冷色系，比如粉蓝色、嫩绿色、紫罗兰色、黑色，不要选择红色系或其他暖色调的眼影，如橙色、金色、粉色、红棕色等。唇彩与腮红尽量要淡雅一点，颜色不要跳跃。

3. 橄榄肤色 　橄榄色皮肤一般看来灰黄疲乏，因此带粉红色的粉底可以令人精神一振。用遮瑕膏遮蔽任何瑕点，小心按摩。用湿海绵涂粉底，切勿漏掉耳朵部位，额线部分要看起来自然。用大毛刷施上紫丁香干粉，遍扫面及颈项各个部位，用干净的毛刷扫去多余干粉。用黑褐色或紫红色眼影，唇膏用玫瑰红色，令脸部明艳照人。

4. **雀斑脸** 用浅色液体遮瑕膏遮掩阴影及瑕点。将白色修护粉底液混合浅米色粉底，调成遮瑕膏，轻轻点在雀斑处。如果面部的雀斑显著突出，可用一支柔软黑笔描画眼线，把他人的注意力吸引到明眸上。眼线要贴近眼睫毛，用灰色及褐色，切勿使用黑色，因为会与浅色的皮肤形成强烈的对比。涂上黑褐色睫毛液。以软毛刷子树立眉毛，并涂上浅褐色，令整个人看起来自然柔和。用玫瑰色唇膏掺杂玫瑰水，使朱唇保持湿润。要使妆容自然，用海绵块轻轻抹去多余的颜色，最后在面颊上施上锈色胭脂，使之艳光四射，引来羡慕的目光。

肤色暗沉解决方案

西医观点：皮肤暗沉和老化紧密相关，紫外线是头号杀手。

解决方案：在保湿的基础上，防晒+美白。

中医角度：从中医经络养生的理论看，面部不同部位出现的暗沉问题，其实反映出我们五脏六腑的健康状况。

解决方案："因地制宜"，揉穴滋养。

别总以为脸色暗淡涂点粉底遮掩一下，就能万事大吉。卸妆后真实的脸色记录着我们身体的秘密，是伪装不来的。

1. 下颏暗沉

位置：下巴处发黄、发暗，仿佛痘痕一片。

把脉：中医将下颏部位，作为观察肾功能正常与否的区域，这个部位出现暗沉，肾精、肾水往往不足。

专家支招：肾俞穴保养

将掌心贴在位于后腰部的肾俞处，沿肋骨下缘向后，后腰部肌肉隆起处就是肾俞。自肾俞穴沿脊椎两旁向臀部之间方向快速擦动，约呈45度角，频率保持在80~100次/分，坚持3~5分钟。

2. 嘴周暗沉

位置：嘴巴周围颜色暗沉，尤其鼻下方与上唇之间肤色非常暗淡。

把脉：根据中医的五脏五官的对应理论，脾开窍于口，唇周出现暗沉问题，你很可能脾胃失调。

专家支招：食补＋足三里穴疗

除了多吃山药等补脾食物外，天冷时喝一点黄酒佐餐是最传统的补脾良方。再配合足三里穴的点压按摩，能很快解决脾胃失调的问题。

3. 眼周暗沉

位置：眼眶四周。严重时，外眼角的附近出现黄斑。

把脉：中医认为，当肝血不足或肝气不畅，眼睛及其周围的组织气血就会不流畅，迟缓的新陈代谢导致了暗沉的出现。

专家支招：按摩太冲穴养肝明眼

足背面从第一二脚趾中间，向后轻轻按压，能摸到明显的骨间隙所造成的凹陷，就是太冲穴。用指腹按揉此穴即可平肝熄风，清肝明目。

🌹 有备无患，细心打造现场急救妆

新娘化好妆的时候都会美得让人惊叹，但是往往婚礼还没正式开始，妆就已经晕染或者花掉了，不但影响了新娘子的优雅形象，更是破坏了大家的好兴致。为了避免婚礼上面对花妆时的手足无措，准新娘们要好好做做以下功课。

新娘补妆技巧：眼影粉粘在下眼睑　技巧：千万不要用手指抹这些粉渣，建议用一支软刷从脸颊侧面向上快速轻扫，然后涂上一层薄薄地遮瑕膏。

预防贴士：在涂眼影之前先在下眼睑上涂抹遮瑕膏，这样万一弄脏了，也能轻松刷掉。或者在上眼影时，用纸巾在下面垫着。另外，不妨选用细腻如粉的眼影膏，不但上色度好，也绝不会出现"掉渣"现象。

新娘补妆技巧：妆面有点脏兮兮　技巧：出油的部分先用纸巾擦干净，轻轻擦上少量粉底或轻扫一点修颜粉。重新修补妆面，提亮肤色，记得时常喷点温泉水喷雾。

预防贴士：上粉底之前先仔细地抹好日霜，用妆前乳打底，就能让妆容更持久。

新娘补妆技巧：忘记带口红了　技巧：唇膏的颜色几乎掉光了，唇线还残留着(吃饭的时候常会发生这种事)，赶快抹上滋润的润唇膏或多功能乳霜，把唇线的颜色从边缘抹到整个唇部。

预防贴士：唇线笔不要只勾画唇的轮廓，整个唇部都用唇线笔涂一遍。这样就算唇膏的颜色掉了，也不会尴尬。

新娘补妆技巧：口红掉色 新娘们为了防止口红掉色，选择少吃或者不吃东西，但是这样并不能取得理想的效果。其实，防止口红掉色有其他实用的小技巧。首先，用中度色调的唇线笔勾勒双唇轮廓，然后在轮廓里面添涂唇膏。最后，用纸巾把多余的唇膏吸掉，然后再涂一次。因为纸巾在接触唇部的同时，可以令更多的色彩微粒贴近嘴唇。不过，要提醒准新娘们，化妆时不要使用唇彩，它会在你和新郎接吻后留在他的唇上。

新娘补妆技巧：皮肤过敏 婚礼前准新娘都在紧急护肤，想在婚礼当天有个好肤色。但是在这个关键的时刻，切不可为了达到目标而尝试没有使用过的护肤品，也不要接触可能会让你过敏的过敏源，不然可能会让你得不偿失。为了保证婚礼当天皮肤的好状态，焕肤和激光嫩肤一类的疗程需要恢复期，一定要提前开始做。如果万一突然过敏，可以让皮肤科医生帮你紧急注射可的松，以减退过敏症状。

新娘补妆技巧：出汗不止 由于婚纱都比较厚重，再加上婚礼当天新娘几乎没有休息的时候，很容易忙到出汗。因此穿礼服之前，全身拍上爽身粉可以保持皮肤干爽。如果是特别容易出汗的新娘，可以在腋下部位涂上止汗啫哩或止汗香体露，如果情况很严重可以咨询一下医生，在婚礼当天使用更强效的止汗产品，让你在婚礼中保持干净、清爽的状态。

新娘补妆技巧：肌肤泛油光 肌肤容易泛油光的新娘，要改变一下化妆的常规程序。上妆前，跳过涂抹润肤霜的步骤，从涂抹控油产品开始。只在你皮肤油脂分泌过剩的地方来使用它，比如T字区。用水性啫喱涂抹皮肤，接着使用不含油的粉底，最后用透明的散粉轻扫面颊定妆。当然，在婚礼当天也要记得随身携带吸油纸，并且尽量使用非粉质的化妆品，这样就不用担心脸上过剩的油脂会把妆容弄得一团糟。

新娘补妆技巧：脱妆严重 新娘的妆容要坚持一整天，不是一件容易的事，这时候仅仅靠专业持久性粉底是不够的，新娘要一整天光彩照人必须在上妆之前做好基础工作。化妆前，把冰过的苏打矿泉水喷在脸上，即可巩固妆容，还可使皮肤更加嫩滑，粉底也容易保持得更长久。同时，含有硅树脂成分的化妆品也有助于保持妆容，最后再用散粉定妆。

新娘补妆技巧：攻克熊猫眼　眼睛周围黑黑的一圈，让人看起来很疲倦，就算是抹上厚厚的粉底，还是不能掩饰黑黑的眼圈。

化妆补救：结婚当日，化妆师则可帮新娘涂上颜色比肤色浅的遮瑕霜，有效地把黑眼圈遮盖。抹匀遮瑕霜后轻轻按摩直至遮瑕产品完全渗透，然后再用化妆刷扫上透明干粉。在眉骨后三分之一处扫上透明干粉，能增加眼睛的神采。

新娘补妆技巧：攻克小痘痘　过于忙碌、心情紧张、天气炎热，使一些小痘痘早不长、晚不长，偏偏要在结婚前两天长出。看似寻常的小痘痘一旦长起来，可真是不好对付。

化妆补救：化好新娘妆后，用棉花棒蘸上与肤色同色调的粉底液，然后轻轻点上长青春痘的位置，再轻轻拍少许碎粉即可。记得要用遮瑕扫，因为有利于填补凹凸的疤痕，比用手指涂抹效果更好更服帖。

新娘补妆技巧：攻克大眼袋　连续好几天没有睡好觉，不仅出现了黑眼圈，眼睛下面还出现了大眼袋，整个人看上去会显老好几岁。

化妆补救：选择比皮肤稍白且粉质极其细腻的粉底霜，在婚礼现场强烈的阳光或灯光下，会有更佳的光线折射作用，超白粉底有很好的遮盖功效。

新娘补妆技巧：攻克暗哑肌肤　穿上婚纱的那一刻心中满怀喜悦，千万不能因为一脸晦暗的肌肤影响了好心情。

化妆补救：选择适合自己肤色的粉底，正确的粉底应让你像没化妆般自然，它不但可以均匀肤色，而且是上其他彩妆之前的基础妆底。无论是霜状、液状还是粉饼状的粉底，都要从脸部中央往外推匀，这样才会使皮肤白皙，显得自然。

新娘补妆技巧：指甲油剥落　如果斑驳的指甲油不易剥除，家里又找不到洗甲水，那么只好用指甲油来修补。更彻底的方法就是：覆盖厚厚一层指甲油，过10秒钟后用纸巾擦去。这个办法能把原来的指甲油也一并卸掉，你就可以涂层新的指甲油了。

预防贴士：多花一点精力，就会达到意想不到效果：在涂指甲油之前先涂一层护甲油，之后再涂一层亮油。这样做不仅甲油不易剥落，使用颜色鲜艳的指甲油时也不用担心颜色会污染，一举两得。

对于新娘妆的5条建议

1. 粉底切忌涂得太白太厚。新娘化妆的粉底，要比本人肤色稍为深一些，尤其是圆脸及脸大的人粉底要尽量调深一点，会使脸型看来小些，脸小者反之，不过不宜太白。皮肤不好的新娘少用闪粉，而多用些哑光质地的粉底，打造出天鹅绒般的质感。眼部可以用一些珠光眼影，细致的光泽感能提亮眼部的光彩。总之要使新娘脸部肌肤看起来娇嫩而漂亮。涂完粉底后就可开始第一次打影，眼影、鼻影都是修正脸型的工作。

2. 腮红对于新娘妆不是重点，因为人逢喜事，面色肯定会好，再加上婚礼上酒精的作用，红晕会自然透出来，在妆容上就不用太突出了。一定要用防水性好的睫毛膏，假睫毛不可太浓，最好戴上坚硬稀少的假睫毛，一副就够了。假如是单眼皮的新娘，可以视眼睛之大小贴上双眼皮胶纸，再画眼线。画眼线时，两头稍宽，中间要细，且紧贴睫毛处。

3. 不要画太过高挑的眉毛，这样给人的感觉比较凶，自然眉型最适合新娘。

4. 新娘妆一定要记得慎用绿色眼影。可选择低调而华丽的金色和带有通透光泽的粉色，都是很好的选择。这两个颜色都比较百搭，无论婚礼上怎样换装，都不会出错。

5. 新娘化妆的最后一道程序是口红，先画出理想的唇型，涂上口红后，再用亮光口红，使嘴唇光润好看。口红的颜色，肤白者可涂浅色，肤黑者不可涂太浅的口红。新娘的化妆应当配合服装，而不应该服装顺应化妆。穿什么颜色的礼服，可以和化妆师商定用什么颜色的口红。如果你的个性活跃、豁达，你选择橘红、奶油色、绿色、棕色等作为你的礼服颜色，这样才能为你涂上绿色眼影、橘白色口红。少用闪亮的唇彩，太油亮的感觉很不适合新娘，也比较容易脱妆，最好选择润泽质地又持久不脱色的唇膏。

几款流行的新娘妆容

完美的妆容能恰当地体现出新娘的优雅美丽，而如何挑选一款适合自己的完美妆容，是新娘需要去仔细斟酌的环节。下面介绍的是几款华丽的新娘妆容，让你掌握妆容窍门，成为婚礼上最闪亮的女主角。

神秘烟熏妆

妆容提示：媚惑而神秘的紫色烟熏眼妆，浓重上挑的戏剧化眼线，饱满性感的动感芳唇，向我们暗示着新的时尚预言。优雅知性夹杂着野性神秘的妆容给人以冲突的美感，由内而外的散发着新娘自信、圆融的气息。

个性摇滚妆

妆容提示：以20世纪80年代摇滚形象为灵感的彩妆，反叛且带点不羁，黑色基调的眼影和粗重的眼线，打造深邃迷人的烟熏眼妆，突出灵动双眸的真实神采。显得顽皮、积极，充满力量与生机。腮红和唇膏淡化处理，以自然色调调和，更显得个性十足。

自然华丽妆

妆容提示：高亮度、低彩度，自然华丽的妆感是新娘彩妆的主流。皮肤中融入一定量的粗颗粒闪粉，在光影折射下，营造出月光般清冷的肌肤质感。粉嫩的唇膏将唇型刻画得丰满莹润，整体妆效自然、柔和、甜美。这种清丽淡雅的妆容成为新娘造型中永不过时的经典。

深邃眼妆

妆容提示：平直的粗眉、浓重的眼线、夸张的睫毛是打造此款妆容的主要元素。眉毛在保持自然的基础上简单修饰成型，极具力量感。在眼妆上，利用金色小烟熏效果的眼影使眼睛具有深邃感，用略粗的炭质眼线笔勾画上眼线，加大眼部轮廓，再配以夸张的扇形假睫毛，就会有轮廓清晰的效果。

想要成为一个漂亮的新娘，一款精致大方的妆容是少不了的。每个女孩都有属于自己的美丽，每个人的样貌和气质都是有所差异的，所以妆容的使用也是有所不同的。下面就来看看现在最流行的两款另类新娘妆容。

BOBO头新娘妆容

如果你拥有一头乌黑顺直的长发，如果你是气质的中分长直发就最好不过了。那就不要把它们梳起或盘起来了，就那样披散着吧，搭配一袭长裙，飘逸如仙，令人如痴如醉。电影《小时代》中的南湘如此装扮，不知俘获了多少宅男的心。这种妆容造型比较适合身材高挑，知性和独立的新娘。

但如果是短发，BOBO头也是时下新娘们所钟爱的发型，有着很好的减龄作用，充满了青春与朝气。略显夸张的造型加上个性的饰品，整个妆容和造型都散发出不一样的味道。眼妆可以是略带魅惑的小烟熏，这类装扮比较适合个性大胆、性格外向的新娘。

森女风新娘妆容

清新自然的森女风也是很多新娘的最爱，整体造型简单而随意，没有过多的修饰，展现最真实自然的美丽。饰品方面也尽可能地贴近自然，比如说直接用花朵作为头饰，如丛林中漫步走来的花仙子，显得非常俏皮而可爱。长相甜美，喜欢简约的女孩子可不要错过了这类新娘妆容造型。

第四节　容颜饮食篇

　　天人合一，四季轮回。人体的"小宇宙"只有契合"大宇宙"的自然时序，才能更加健康。而健康最基本的保障要素就是"食"，正所谓"民以食为天"。

　　大自然赐予了我们太多太多的食物，五谷杂粮、果蔬鱼肉……这些赐予，除了可以果腹，如果搭配合理，经常食用，还可以起到美容养颜的神奇作用。准新娘们不妨吃吃看，既饱口福，又挣"面子"。

🌹 春季护肤养颜食谱

大枣粥

材料：粳米60克、大枣10枚。

做法：共煮至粥状即可食用，佐早餐食。

功效：大枣中含有丰富的维生素E，常食用大枣粥，可使人面色红润、精神焕发。

燕窝冰糖粥

材料：燕窝3克，粳米100克，冰糖适量。

做法：共煮至粥状即可食用。若再加入甜杏仁5克同煮，其美容效果更好。

功效：有润泽皮肤、补血养颜之功效。

黄芪红糖粥

材料：黄芪、红糖各30克，粳米100克，陈皮6克。

做法：将黄芪洗净切片，放入锅中，加清水适量煎煮，去渣取汁；将粳米淘洗干净，与陈皮、红糖放入锅中，再倒入黄芪汁，加清水适量，煮至米烂熟即成，佐餐食用。

功效：红糖味甘甜，性温润，有润心肺、和中健脾、缓肝气、补血、破淤之功效；黄芪味甘，性温，有固表止汗、托疮生机的作用；陈皮味辛、苦，性温，有理气健胃、燥湿化痰的作用。此粥有益气养颜的功效，适用于气血虚弱所致的颜面苍白无华者。

白米鸡汤粥

材料：白米100克，鸡汤1200毫升，川芎3克，当归10克，黄芪5克，红花2克。

做法：将米淘洗干净，用清水浸泡；当归、川芎、黄芪切成薄片，与红花一起装入小布袋中；将米及装药小布袋一起放入煮粥的锅内，加鸡汤、适量水大火煮开，小火煮稠，捞出药袋即成，每日1~2次，温热时服用。

功效：此粥中几味补气、补血、活血的中药，可改善机体功能，使女性面部皮肤滋润、细嫩。

黑豆柠檬

材料：黑豆、酱油、柠檬片各适量。

做法：将黑豆用水煮熟变软后加入酱油及柠檬片，食用。

功效：黑豆富含维生素B，有增快皮肤细胞新陈代谢的作用，常食可使肌肤健美。而柠檬也有同样的效果。

苦瓜炒胡萝卜

材料：鲜苦瓜2个，胡萝卜1~2根，盐、味精、葱各适量。

做法：苦瓜去瓤后切片，胡萝卜切成薄片，急火快炒，熟食之。

功效：苦瓜营养丰富，并含有丰富的维生素C，常食可使面容变得细嫩。胡萝卜含有大量维生素A和C，可使粗糙皮肤去皱，变得容光焕发。

眉豆陈皮鲤鱼汤

材料：鲤鱼300克，白眉豆100克，陈皮10克，生姜少许，油盐适量。

做法：将白眉豆和陈皮（去白）、生姜分别洗净备用；鲤鱼去掉腮和内脏后洗净，然后放进油锅中略煎，显得稍黄即可，备用；将白眉豆、陈皮和生姜放进砂锅内，加清水用武火煮沸后，把鲤鱼放进去一起煮，直到眉豆烂熟即可加调味料，随后饮用。

功效：健脾养胃，利水消肿。

淮山党参红枣泥鳅汤

材料：泥鳅250克，党参15克，淮山30克，红枣15克，生姜3片。

做法：将泥鳅头去掉，洗净备用；淮山、党参、红枣分别洗净，装入布袋子中，扎紧袋口，与泥鳅、生姜一起放进砂锅中，加清水，用大火煮沸后，改用文火煮1个小时，然后捞出药袋，调味后即可饮用。

功效：健脾和胃，补气养血。

🌹 夏季护肤养颜食谱

红焖鲢鱼

材料：鲢鱼1尾（约重750克），熟猪油1000克(约耗100克)，葱段、姜片、酱油、精盐、味精、醋、水淀粉、香油各适量。

做法：将鲢鱼刮去鳞，除掉鳃、内脏及杂物，剁去嘴尖、鱼鳍及尾鳍，斩下头，一劈为四，鱼身斜刀片成厚约1.5厘米的大片，连同鱼头用水洗净、沥干，加酱油腌渍；锅洗净，倒入熟猪油，用中火烧至七八成热时，将腌渍好的鱼块及鱼头逐块放入，炸至金黄色时，捞出控净油分；锅内留底油少许，用葱段、姜片爆锅，烹入醋，加酱油、清水、精盐、味精，倒入炸好的鱼块，用旺火烧沸，改用小火焖约10分钟至熟，淋入水淀粉，滴入香油即成。

功效：一般说来，使面容细嫩光泽、青春常在有三个条件：一是摄食植物脂肪，二是补血，三是多食胶质食品。鲢鱼则能提供较丰富的胶质蛋白，既能健身，又能美容。因此，鲢鱼是女性美容滋养肌肤的理想食品。

蜜盐菠萝饮

材料：菠萝1个，盐5克，蜂蜜10克。

做法：将菠萝去皮，菠萝肉切成大块，加入盐、蜂蜜搅拌均匀，腌渍出菠萝汁即成。可饮用菠萝汁，吃菠萝肉。

功效：菠萝含有大量蛋白酶、糖类、蛋白质、维生素B_1、维生素B_2、维生素C、有机酸及矿物质等。味甘，微酸，性平，有补益脾胃、生津止渴、润肠通便、利尿消肿诸多功效。菠萝配以益气补中，润燥解毒的蜂蜜结合成饮汁，有养肌润肤的功效，可保持血管与皮肤弹性，使皮肤更加鲜嫩，具有活力。

珠玉二宝粥

材料：生山药60克，生薏米60克，柿饼24克。

做法：先将生山药、生薏米用水洗净捣成幼粒状，然后放进瓦锅内，加进适量清水煮粥。再将柿饼洗净，用刀切碎，调入粥内煮溶，待温食用。

功效：本粥因山药似玉，薏米似珠而得名，有清肺补脾，滋阴益气，美容养颜之功效。

山药煲猪胰

材料：生山药60克，猪胰1条（或小的2条），食盐少许。

做法：先洗净猪胰血污，切成片状备用。生山药洗净，切成5厘米长片状，与猪胰一起放进瓦锅内，加水用中火煲汤，煲约1小时，调味即可。

功效：健脾补肺，固肾益精，美白养颜。

补血美颜粥

材料：川芎3克，当归6克，红花2克，黄芪4克，粳米100克，鸡汤、葱花、精盐、生姜适量。

做法：将米淘净，用水浸泡；当归、川芎、黄芪、红花切成薄片后装入干净的小布袋中，放入瓦锅内加鸡汤共熬成粥。待粥浓稠时加葱花、精盐、生姜调味服食。

功效：此粥有活血行气，补养气血之功效，女性常食能调经补血、驻颜美容。

苹果提子茶

材料：苹果1个，黑提子干30克，水2碗。

做法：用水打湿苹果，用少许盐仔细擦洗表面，切半，去核，再切薄片；黑提子干放入煲内，加水两碗，大火烧开后用中火煮10分钟；放入苹果片，接着煮3分钟即成。

功效：养颜祛斑、红润面色、消脂瘦身。

🌹 秋季护肤养颜食谱

葡萄汁

材料：葡萄100克，砂糖5克，冷开水60毫升。

做法：将葡萄洗净，与砂糖、冷开水一起放入榨汁机，去渣留汁。

功效：葡萄汁中含有丰富的维生素、烟酸，有强壮身体之功效，是秋季保健美容佳品。

桃鸡煲

材料：鸡半只重约800克，洋葱、番茄各约100克，甘笋约50克，干葱蓉1茶匙，姜蓉适量，罐装水蜜桃6个，腌料：盐、糖、姜汁各2/3茶匙，生粉1茶匙、胡椒粉、水各适量。

做法：鸡洗净，去骨切块，用腌料腌拌半小时以上，沥干，用热油炸熟，捞起沥干油分；洋葱去衣切片；番茄洗净切片；桃切块；甘笋切片。用热油爆香干葱、洋葱、番茄块、姜蓉，下芡汁煮滚，再下鸡块、生笋和桃块拌匀即可。

功效：桃子可益气血，鸡肉的肉质细嫩，滋味鲜美，并富有营养，有滋补养身的作用。

枇杷银耳

材料：枇杷150克、银耳（干）10克、白砂糖20克。

做法：将银耳用冷水浸发，清洗干净，放入碗内，加少量水，上笼蒸至银耳黏滑成熟；枇杷剥去皮、挖去籽，切成小片待用；锅内放入清水烧开，先下蒸好的银耳，烧滚后再放入枇杷片和白糖，装入大汤碗中即成。

功效：枇杷营养丰富，果肉中含蛋白质、脂肪、碳水化合物、粗纤维及钙、磷、铁、胡萝卜素等营养元素，能有效补充机体营养成分，且能镇咳祛痰，治疗各种咳嗽；并有抑制流感病毒的作用，可以预防四季感冒；但是多食枇杷易助湿，所以，脾虚泄泻者忌食。

银耳能提高肝脏解毒能力，起保肝作用；银耳对老年慢性支气管炎、肺原性心脏病有一定疗效；银耳富含维生素D，能防止钙的流失，对生长发育十分有益；因富含硒等微量元素，它可以增强机体抗肿瘤的免疫力；银耳富有天然植物性胶质，加上它的滋阴作用，长期服用可以润肤，并有祛除脸部黄褐斑、雀斑的功效；银耳中的有效成分酸性多糖类物质，能增强人体的免疫力，调动淋巴细胞，加强骨髓造血功能。

紫菜虾皮汤

材料：紫菜（干）10克、虾皮10克、鸡蛋1只，植物油、料酒、醋、酱油、香油各5毫升，味精3克。

做法：将紫菜洗净、撕开备用；鸡蛋打开，在碗里搅匀；虾皮洗净，加料酒浸泡10分钟；旺火将植物油烧热，倒入酱油炝锅，立即加水1碗，放入紫菜、虾皮煮10分钟，再放入蛋糊、醋略加搅动，蛋熟起锅，加入味精、香油即成。

功效：内含有丰富维生素，对美容养颜有着很好的作用。

猪皮萝卜汤

材料：猪皮100克、萝卜150克，芹菜、鸡汤（也可以用浓缩鸡汁）、料酒、盐、胡椒粒各适量。

做法：猪皮洗净，刮去脂肪。萝卜切成丝。猪皮放锅里，加水、盐、胡椒粒、料酒煮15分钟（大约6成熟），捞起切成丝；将萝卜丝和猪皮丝放到鸡汤中，烧开后用小火煲15分钟，最后撒入芹菜末即可（猪皮不要煲太烂，有点弹性更好吃）。

功效：猪皮含有极丰富的胶原蛋白质，具有促进生长发育、延缓人体衰老和抗癌之功效。萝卜富含维生素C，润燥、助消化、营养丰富。

🌹 冬季护肤养颜食谱

美白蔬菜汤

材料：西兰花、胡萝卜、蘑菇、番茄、豆腐、鸡汤、盐各适量。

做法：将以上原料洗净，放入炖好的鸡汤里一起煮，记住时间不要太久，少放盐，清淡的口感不仅味道好，还有助于营养吸收。

功效：能为肌肤补充水分，还能促进细胞的新陈代谢。

贴士： 冬季室内干燥，可以泡1杯满溢花香的养颜茶。5朵粉红色的玫瑰花加两个去核红枣，用80℃的水泡制，每日两杯，可以给皮肤补充水分。

枸杞拌山药

材料：山药300克，枸杞10克，蓝莓酱2匙。

做法：枸杞洗净后用热水泡1分钟。山药去皮切条状，入冷水浸泡。蓝莓酱加适量凉开水调成汁。将山药、枸杞捞起滤干，盛盘，浇上蓝莓汁。

功效：山药可提高人体的消化能力，常吃可以保养肌肤，防止干燥。

枸杞酒酿蛋

材料：鹌鹑蛋蛋液50毫升，枸杞5克，酒酿200毫升，冰糖适量。

做法：先将酒酿煮开，然后依次加入枸杞、冰糖和搅拌均匀的鹌鹑蛋蛋液，大火煮开即可。

功效：鹌鹑蛋中含有丰富的蛋白质、B族维生素和维生素A、E等，与酒酿一起煮，它还会产生有利于女性皮肤的酶类与活性物质，让皮肤细嫩有光泽。

枸杞子则是滋补肝肾的佳品，也是美容药膳中常用的原料之一，维生素A的含量也特别丰富。这些食物加在一起后，更能促进营养成分的吸收，女性食用后的脸色更加滋润动人。

甘蔗木瓜猪蹄汤

材料：甘蔗、木瓜、猪蹄、枸杞、马蹄、姜片、盐各适量。

做法：猪蹄切块，在沸水中汆一下捞出，甘蔗去皮切段，马蹄切开，姜切片，木瓜切丁。锅中放清水开锅后，放入猪蹄滚开后改小火，放入姜片，煲40分钟。放入甘蔗、马蹄再煲10分钟，放入木瓜、枸杞，最后加少许盐调味即可。

功效：猪脚富含胶原蛋白，可以增加皮肤中的水分。

冰糖糙米杏仁糊

材料：杏仁、糙米各适量，冰糖水少许。

做法：将杏仁炒香，与冰糖水、洗净的糙米一起放入豆浆机，煮成糊。

功效：糙米较健康，对肠胃亦有益。杏仁含大量维生素E，能促进肠道蠕动，又可止咳平喘。

木瓜红枣莲子蜜

材料：木瓜、红枣、莲子、蜂蜜、冰糖各适量。

做法：首先将红枣、莲子加适量冰糖，煮熟待用。然后将木瓜剖开去籽，把红枣、莲子、蜂蜜放到木瓜里面，上笼蒸透后即可食用。

功效：木瓜是尽人皆知的美白食品，它的维生素A含量极其丰富。中医认为，木瓜味甘、性平，能消食健胃、美肤养颜、滋补催乳，对消化不良或便秘的人也具有很好的食疗作用。美容食疗时，木瓜可配牛奶食用，也可以用来制作菜肴或粥食。红枣是调节内分泌、补血养颜的传统食品，如果红枣配上莲子食用，又增加了调经益气、滋补身体的作用。

🌹 明目篇

亮丽敷眼方

保养眼睛最好的方法是保证充足的睡眠，让眼睛获得充分的休息，还应补充大量的水分，尽量避免摄取盐分、咖啡与含酒精的饮料。若眼部感觉疲劳或有黑眼圈、眼袋产生时，应将身体躺平，闭上眼睛，并可采用下列方式护理眼部。

眼睛干燥、发酸　用化妆棉蘸取芦荟汁敷双眼。

眼部感觉灼热、酸痛　将小黄瓜切片敷双眼。

眼袋产生时　可将新鲜马铃薯切片敷双眼，或取2匙新鲜香菜，用沸水浸泡15分钟后放凉,用化妆棉蘸取香菜水敷双眼。

眼部疲劳时　用泡过的甘菊茶包敷双眼。

黑眼圈产生时　用泡过的接骨木花或金缕梅茶包敷双眼。

明目食疗方

杞菊蒸鱼

材料：草鱼1尾（约750克），鲜菊花瓣30克，宁夏枸杞15克，冬笋10克，火腿40克，生姜、葱白各15克，料酒30毫升，猪网油1张，盐适量。

做法：

1. 生姜切成薄片，葱洗净切长段，草鱼去鳞、鳃、内脏洗净，鱼体两边各划5刀，再用姜片、葱段、料酒、精盐腌渍30分钟。

2. 将猪网油铺在案板上，鱼摆在猪网油一端，火腿片、冬笋片、枸杞子、菊花瓣，摆在鱼两边，然后用猪网油将鱼体包好，放入蒸盘上笼蒸30分钟，揭去网油装鱼入盘，撒上菊花即成。

决明子茶

材料：决明子15克，红枣5粒，知母8克，甜菊3片，水700毫升，冰糖适量。

做法：

1. 红枣用刀子割3刀，和其余药材以冷水冲洗去除杂质，备用。

2. 取一汤锅，放入所有药材、水700毫升以大火煮至沸腾。

3. 盖上锅盖，转小火煮约25分钟后，把药材过滤后，加冰糖煮入味后即可饮用。

枸杞炒饭

材料：白米饭200克，油、盐、枸杞、葱花各适量。

做法：

1. 锅内放油，热后放入葱花炒香。

2. 放入蒸好的米饭翻炒。

3. 放入适量食盐。

4. 枸杞提前用水浸泡软。

5. 最后放入枸杞翻炒，出锅即可。

丰胸篇

牛奶煮麦片

材料：牛奶、麦片各适量。

做法：将两种材料以小火煮约10分钟，待麦片膨胀即可熄火。

功效：富含钙质和高蛋白的牛奶和麦片，不但可以丰胸，做法也很简单。

归芪鸡汤

材料：当归5克、黄芪10克、鸡腿1只、水4碗、盐少许。

做法：

1. 先将鸡腿洗净并切块。

2. 再将鸡腿放入水中，以大火煮开。

3. 接着放入黄芪，和鸡腿一起炖至7分熟，再放入当归，煮约5分钟，并加少许盐即可。

功效：当归补血，黄芪补气，女人只要气血通顺，月经即会正常，亦可促进乳腺分泌。

木瓜炖鱼

材料：青木瓜半颗、鲜鱼1尾（可随个人喜好选择，最好是适合熬汤的鱼）、水4碗、盐少许。

做法：

1. 先将木瓜洗净并切块，再放入水中熬汤，先以大火煮沸，再转小火炖约半小时。

2. 再将鱼切块，放入一起煮至熟，加少许盐即可。

功效：青木瓜含有丰富的木瓜酶，对胸部发育有很大的帮助。

猪尾凤爪香菇汤

材料：猪尾2只、凤爪3只、香菇3朵、水6碗、盐少许。

做法：

1. 香菇泡软、切半，凤爪对切，备用。

2. 猪尾切块并汆烫。

3. 将以上材料一起放入水中，并用大火煮沸再转小火，约熬1小时，再加入少许盐即可。

功效：猪尾和凤爪皆含丰富的胶质，对丰胸很有助益，如果只喝汤，效果也很不错。

🌹 乌发篇

椰子油护发素

椰子油含有大量天然的中链脂肪酸，是抗氧化的优质食用油，保护我们的身体免遭自由基的破坏。椰子油较稠，一般无化学物质污染，因此不经任何化学处理或使用添加剂就能以自然状态直接使用作为护发剂、面霜、护肤剂和唇膏。由于它的分子小，容易被皮肤吸收，抹油后再加揉搓可增加皮肤对其的吸收，对消除疤痕和皱纹有益。脚上抹椰子油，并且涂抹到脚趾缝，可以防治脚癣。在头

发、头皮上涂抹椰子油，而后揉搓15分钟，就可以改善头发外观和消除头皮屑，过后可将油洗掉。洗澡后亦可用一汤匙椰子油涂抹全身。

草莓椰香芋泥

材料：芋头、椰汁、草莓、糖各适量。

做法：

1. 将芋头放入锅中蒸熟。

2. 蒸好的芋头去皮后，加入适量的糖和椰浆。

3. 用电动搅拌器搅拌成泥。

4. 放入准备好的容器中。

5. 放入冰箱中冷藏一个小时以上定型。

6. 拿出来后在上面放上草莓丁，浇上椰汁和糖汁。

功效：美容养颜、乌黑头发。

黑木耳肉丸冬瓜汤

材料：冬瓜250克，肉丸100克，木耳、色拉油、盐、葱、姜、胡椒粉各适量。

做法：

1. 把冬瓜洗净去皮切片。

2. 肉丸提前做好，放在冰箱冷冻室备用。

3. 木耳用水泡发，摘除老根洗净待用。

4. 姜切丝、葱切丁置盘中待用。

5. 锅置火上加入色拉油，油温七成热时放入姜丝、葱花炸香。

6. 然后放入冬瓜翻炒至变色。

7. 接着加入适量的水，并放入肉丸。

8. 放入适量的盐和胡椒粉。

9. 接着再放入木耳，炖煮至冬瓜熟了，汤色也发白时即可。

功效：护发养发。

核桃仁芝麻糊

材料：生核桃仁、黑芝麻、红衣花生米、冰糖、陈年女儿红、鸡蛋各适量。

做法：

1. 把核桃仁、黑芝麻、花生米分别用搅拌机打碎。

2. 把打碎的核桃、芝麻、花生拌匀。

3. 在粉末上面铺上一层冰糖，上锅用中火蒸一个小时，蒸的过程中要搅拌几次，以便冰糖融入糊里。一般要蒸三次，直到核桃芝麻花生里的油脂完全融合在一起。

4. 在奶锅里放入适量的核桃芝麻糊。

5. 加适量的水和一点点女儿红黄酒。

6. 烧开后打入一个鸡蛋，并搅拌一会。

7. 出锅后即可食用。

功效：丰发乌发。

第二章　纤体手册

身体凸凹有致的曲线之美，是每位女性的毕生追求，为了合乎审美的普世标准，减肥瘦身大行其道。而本章，正是为想跻身标准美女行列的准新娘们量身打造的。

第一节　基础纤体健身篇

❁ 女人身体曲线形态美的比例标准

整体的形态美由身体每一局部的形态美组成，对于女性来说决定其形态美的关键是胸、腰、腹、臀及腿等身体局部的形态。

判断自己是否太胖或太瘦，可以把相应部位的尺寸正确地测量出来，并加以记录。如果合乎标准当然是最理想的，要继续保持；如果不合标准，应该及时采取措施，这样才能拥有优美动人的曲线。

1. 胸部形态美的标准　胸围的测量一般有3种方法：一是过胸量法，即测量胸部最高耸处；二是平胸量法，即软尺穿过腋下的水平高度；三是胸下量法，即用软皮尺水平测量胸底部一周，即为下胸围尺寸。

通常使用的是平胸量法，测定胸围大小。首先深深吸一口气，测量胸部最扩张时的状态。倘若把测出胸围(厘米)÷身高（厘米）×100得到的答案是53厘米，便是最标准的尺寸，54~56厘米是中等，而57厘米以上就属于过于丰满型了。

此外，具备以下条件的乳房才是美乳的标准：

丰满、匀称、柔韧、有弹性；乳房位置比较高耸，在第二至第六肋骨间；乳头凸出，略向外翻，位于第四肋间；两乳头间距大于20厘米，乳头到胸骨中线的距离为11~13厘米；乳房基底直径为10~12厘米；乳房高度为5~6厘米；乳晕直径为3.5~4.8厘米；少女乳晕为玫瑰红色，婚后变为褐色；外观形态挺拔，呈半球型或小圆锥形（对于未婚少女，以圆锥形乳房为美，已婚妇女则以半球型乳房为美）。

另外，背部、肩、臂等所连成的线很平顺（没有特别凸起或凹下），而且手臂纤细，更强调乳房并显出优美的曲线。

2. 腰部形态美的标准　腰部的形态美主要体现在两侧曲线的圆润以及上起胸部下接臀部曲线的柔和变化上。从侧面看，它与胸、臀、腿一同构成了一组光滑的S形曲线，从而使女性身材显得优美动人、凹凸有致。

女性的腰应比例恰当、粗细适中、圆润光滑、柔韧灵活，能体现灵动活泼的青春之美。

测量腰围时，深深吸一口气，记下收缩时最细的状态。标准腰围＝身高（厘米）÷2−20，看看自己是否符合。腰部是最容易囤积脂肪、产生赘肉的部分，不妨捏起腹部的肉看看，腹部的赘肉如果一捏达到3厘米，便表示多出了10公斤的赘肉，体重就应减轻7.5~10公斤。一般来说，减少1公斤的体重，腰围便减少1厘米。然而，仅是腰细并不是整个身材的完美，还要考虑腰至臀部的曲线以及与胸部的平衡。

3. 臀部形态美的标准　臀部是人体背面审美的焦点，是展示女性魅力最生动、丰满的部位。

标准的臀围应为身高的0.553，如果身高为165厘米，则标准臀围为91.2厘米。测量臀围时应该站立，两腿并拢，用一条软尺环绕臀部的最宽处，即是你的臀围。

从形态上来讲，美臀的标准应该是：臀围中等偏大，富有弹性，丰润圆翘，曲线柔和流畅，脂肪分布均匀，皮肤圆润光滑。另外，菱形窝要明显。当站立时，由于覆盖在骶部的肌肉比其他部位薄而紧，会形成菱形窝，大而深的菱形窝就像面颊的笑靥一样美丽动人。

人类学家认为亚洲人身材稍逊的症结，就在于臀部扁宽、腰身松肥。臀部过大的女人，给人以累赘感；臀部扁平无肉，则无曲线美。大小适度和优美轮廓是美臀的决定性因素。

4. 手臂形态美的标准　手臂和手腕是比较纤细的部分，大体上来说，上臂围(手肘至肩部最粗的部分)比颈围(下巴抬起颈部伸长时的状态)细4.5厘米是最理想的，也就是上臂围为25厘米时，颈围为29.5厘米的情况。

5. 腿部形态美的标准　女性的腿应该白皙丰满、细腻而富有弹性，小腿肚浑圆适度，脚跟结实，踝部细而圆。

测量大腿围时，大腿向前迈出半步，不要用力，测量臀部下方大腿的部分。小腿围也是以同样姿势，测量小腿最粗的部分。把脚跟放在椅子上，测量脚踝最细的部分便是脚踝围。

基本上是以腿并拢后，两腿之间只有四个小空隙才是最标准的。而大腿长度一般应为身长的1／4，其围径比腰围小10厘米；小腿围径比大腿围径小20厘米才为标准。

🌼 6个好姿势雕塑身体曲线

1. 中药瘦小腹　中药能够调理体质、促进脂肪代谢。请咨询中医师，针对你的体质开几副促进末梢血液循环、调节肠胃功能以及有发汗效果的中药会有不错的减肥效果。

2. 海盐按摩法　洗完澡后，抓一把海盐，绕肚脐顺时针按摩腹部50圈，再逆时针按摩50圈，然后双手交叠上下用力按摩50次。海盐能够促进身体排出废物，还能促进脂肪代谢，为肌肤补充矿物质，让腹部肌肤细致紧实。坚持1~2个月，你会发现腰围缩小了。

3. 腹式呼吸　利用腹式呼吸瘦小腹。因为腹式呼吸不仅能刺激肠胃蠕动，促进体内宿便排出，更能加速腹部脂肪燃烧。每天晚上，窝在沙发里看电视或是睡觉前躺在床上时，做10分钟腹式呼吸：用鼻子慢又沉地吸气，感觉腹部缓缓隆起，憋住呼吸几秒钟后，再慢慢张口呼气，感觉腹部下陷。注意每分钟腹式呼吸5~6次即可。呼吸时把注意力集中在腹部的起伏上，每天坚持，一个月就能够看到效果。

4. 床上转体操　平躺在床上，双手交叉放在胸前，背部紧贴床上，双腿微曲，头与上身向左侧转动，同时双腿向右转动，停顿数秒后，头与上身转向右侧，双腿则向左转动，重复这套动作1~2分钟，你会感觉到腹部微微发热发汗。坚持进行一周，瘦腰效果很快就能看见。

5. 晚上6点前吃晚餐 专家说睡前4小时吃晚餐就不容易发胖。但如果已经有小肚腩的人，不妨将晚餐安排在晚上6点之前，让肠胃在睡前有充分的时间消化、排空，这样腹部才不会囤积脂肪，也才可能拥有平坦的小腹。

6. 睡前吃钙片 人的体内有三种脂肪：网膜脂肪、皮下脂肪和血液脂肪。皮下脂肪造成肥胖的赘肉、血液脂肪会引发可怕的心血管疾病、网膜脂肪则像个大口袋挂在胃下方，多余的热量与脂肪会囤积在这个口袋里，让腰围变粗小腹突出。充足的钙能够让网膜脂肪迅速溶解。钙的吸收最佳时间是夜间，因此睡前补钙可以瘦小腹。但是睡前喝牛奶来代替钙片并不是聪明的做法，因为牛奶中含有大量蛋白质与中性脂肪，夜间人体新陈代谢变慢，无法消耗，反而会让小腹变大。

如何判断自己属于什么体质

每个人的身体状况都不尽相同，但是总体上可以进行一定的区分。下面介绍一种较为简单且全面的中医分类方法，希望对大家有一定的帮助。

1. 正常体质：肤色润泽，唇红润，精力充沛，饮食睡眠良好，二便正常，舌淡红，脉和缓。患病较少，抵抗力较强，耐寒热，不需进补，食疗或进缓和的平补之品。

2. 阴寒体质：属寒（实）体质。平素肢冷无汗，喜暖怕凉，常腹痛腹泻，关节酸痛，口淡不渴，溲清长，舌淡苔白，脉紧或沉迟。宜患风湿关节痛，宜感寒邪，怕阴冷潮湿气候，宜温阳散寒。宜食温热食物，如羊肉、生姜、桂皮等。

3. 阳虚体质：属虚寒体质。四肢多不温，怕凉喜暖，神疲，喜吃热食，睡眠偏多，便溏，尿清长，舌体胖嫩边有齿痕，苔润，脉沉迟而弱。得病多从寒化，宜患痰饮、肿胀、泄泻、阳痿等症，易感寒邪，易被湿困。耐夏不耐冬，宜用温阳补虚之品。

4. 阴虚体质：属虚热体质，形体多消瘦，心烦颧红，手足心热，午后尤甚，口燥咽干，目干涩，眩晕耳鸣，睡眠差，便干燥，舌红苔少而干，脉细数。宜患阴亏燥热的病变，怕燥热之邪，耐冬不耐夏。宜养阴补虚，甘寒退热，如百合、枸杞、麦冬、海参、西洋参等。

5. 阳热体质：属实热类型。面色多红赤，怕热喜冷，烦渴多汗，喜冷食，得病易发高热，尿黄便秘，舌红苔黄，脉数有力。得病多从热化，易患疮疡，怕热，耐冬不耐夏。宜食苦味清热的食物或饮料，如苦瓜、苦丁茶、莲子心等。

6. 气虚体质：属虚的体质，面白少华，气短懒言，易出汗，食少，易疲乏，舌淡红，舌体胖大，脉虚缓。易感冒，病后迁延不愈，内脏易下垂，不耐受风邪、寒邪、暑邪。宜食山药、莲子或太子参、黄芪、黄精等。

7. 血虚体质：面色萎黄或淡白，唇甲无华，头晕眼花，心悸怔忡，失眠健忘，或肢体麻木，舌淡脉弱。宜补气生血，用当归、熟地、龙眼肉。

8. 瘀血体质：面色多晦暗，口唇暗淡或紫，眼眶黯黑，肌肤甲错，或生症瘕、刺痛，痛处固定不移，舌体黯紫有瘀点，脉细涩或脉率不齐。易患出血、症瘕、中风、胸痹(冠心病)等病。宜活血化瘀，用山楂、桃仁等。

9. 痰湿体质：体胖腹大，面部皮肤油脂较多，汗多且粘，眼胞微浮，胸闷脘痞，身重发沉，困倦，喜食肥甘粘腻之物，便溏，舌胖大多齿痕，苔白腻，脉濡滑。易患消渴（糖尿病）、中风（脑血管意外）、胸痹等病。对湿环境及梅雨季节的适应能力差。宜祛湿化痰，服薏苡仁、茯苓、赤小豆、冬瓜皮、荷叶、荷梗等。

10. 湿热体质：面垢油光，易生痤疮粉刺，身重困倦懈怠，大便黏滞不爽，男阴囊潮湿，女黄带臭秽，舌红苔黄腻，脉滑数。易患痤疮、黄疸、淋症、火热等病。对气温偏高，湿热交蒸气候难以适应。食疗同痰湿体质，忌辛辣刺激食品。

11. 气郁体质：神情郁闷，胸胁胀满，走窜疼痛，善太息，嗳气呃逆，咽有异物感，或乳房胀痛、痛经。易患郁症、脏躁、不寐、梅核气、惊恐等病症。对精神刺激适应能力差，应调整心态，宜服行气之品，如玫瑰花、佛手、萝卜等顺气之品，但不宜进补。

热性体质、寒性体质自测

中医用阴阳划分人体：一类体性偏热，是阳性体质；另一类体性偏寒，是阴性体质。这已在长日留痕，不妨细辨，然后趋利、避害。

辨别阴阳

中医认为，阳是上升的、活跃的，它在外，奋勇地完成人体各组织器官的功能；阴是下降的、静止的，它在内，是阳的"加油站"，为身体不断地储备和提供能量支持。

中医诊病，最先要做的就是辨明阴阳，查清盈亏，然后调和均匀。

例如同是胃病，如果因为受寒着凉，或吃了大量的生冷食品引起胃痛，发病突然，喜欢可以暖胃的饮食，身体怕冷，舌苔色白，就是胃受寒引起的，应该将温胃散寒的药物拿来一一排序。如果表现烧心，胃里就像有一团火，感到莫名其妙的烦躁，同时有烧灼感，就是胃热，一些苦寒清热的药物可以拿出来使用了。

再如献血，有人感觉格外好，有人却像被抽走了一部分精力，整天睡意朦胧。这也是体质不同，热性体质人原本血热，春夏又是阳气旺的时候，抽出一点血液正好减轻身体的负担；寒性体质人阳气不足，失血后没注意补充阳气，就会四肢无力，总想睡觉。

自己的体质自己测

1. 即使是冬天也喜欢喝冷饮。

2. 舌苔呈深红色。

3. 说话很快，发音清楚、准确。

4. 唾液分泌旺盛。

5. 手心长时间保持热暖状态。

6. 两颊颜色红润。

7. 经常不自觉地睁大眼睛。

8. 日常平均体温在36.3℃以上。

9. 坐姿不固定，身体爱摇来摇去。

10. 骨架偏小，外表看起来比实际体重要瘦。

11. 小腿肌肉比较松，很容易被捏起来。

如果回答"是"的个数多于"否"，你就是热性体质，反之则是寒性体质。"是"的个数越多，体质越偏于热性体质；"否"的个数越多，体质就越偏于寒性。

阴性、寒性体质

寒性体质的人体内阴气过盛，身体功能低下，怕冷，手脚凉，乏力，应当重点补阳气。中医认为肾主一身的阳气，脾主吸收营养，化生气血，是能量的源泉。所以改善阳虚体质应重点调补脾肾。

体格检查：四肢容易冰冷，对气候转凉特别敏感，脸色比一般人苍白，喜欢喝热饮，很少口渴。即使炎炎夏日，进入空调房间也会觉得不适，需要喝杯热茶或加件外套才会舒服。

易发问题：寒性体质的人因为血液循环不好，易受寒冷、潮湿伤害，引起关节、肌肉等组织的疾病；免疫功能低下，容易感冒而且反复不愈；消化功能减退，易腹泻、水肿，夜间多尿；生殖系统功能减退，白带比较多，月经经常推迟而且多有血块，易导致不孕、不育。

性格：比较沉稳，具有大家闺秀的作风，冬天怕冷，夏天比较耐热。

工作：适合需要严密思维和耐心的工作。

瘦身：适合以控制饮食来瘦身。

衣：寒性体质人比较怕冷，是"春捂"的特别拥护者。即使在酷夏，也最好少吹冷气。

食：银杏、冬虫夏草、鹿茸、牛肉、红枣。

住：经常接触阳光，采自然之阳气，补人体阳气之不足。最好住在阳光充足的房间，阴冷环境使身体热量散失过多，直接损耗阳气，使血管收缩，影响血液循环。

行：这类人偏于安静沉稳，体力活动过多时容易感觉疲劳。"动则生阳"，阳虚体质需增加运动，坚持快步行走是改善体质最简便的办法。

阳性、热性体质

阴虚的人阳气过盛，双手心、双脚心、心口烦热，两颧潮红、易出汗。阴虚体质关键在补阴，阴液充足，就可以滋养全身，抑制机能亢奋和虚热，应多选些养阴、生津、除虚热的饮食。

体格检查：体内营养物质不足，对全身的滋养功能减退而表现出干燥的特征：口渴，头发皮肤干枯起皱，尿少，便秘。而且还有虚热：四肢温热、怕热、舌苔多呈黄色、脸色红赤、情绪急躁。喜欢喝冷饮，进入冷气房间就备感舒适。

易发问题：热性体质人通常易流汗，所以一般都不会有水肿问题，但很容易因饮食过量，而出现便秘的情况，大量的宿便积存就变成小肚腩。阴虚体质的人内分泌紊乱，交感神经兴奋，易产生心动过速、失眠、焦虑、高血压、月经常提前来、小便量少而且颜色深黄。

性格：生性好动、贪玩，从小就坐不住；喜凉怕热，吃冷饮不论冬夏且消耗量惊人，却不太吃辛辣的东西；刚刚进入青春期就长了一脸的小痘痘。

工作：适合需要活力的开创性工作。

瘦身：适合增加运动来控制体重。

衣：这类人四肢温热，总比周围人穿得少，但不管怎样耐冷，肩背、胸、腹、这几个部位都要保护好。

食：枸杞子、黑木耳、西瓜、芒果、龟鳖。

行：精力旺盛，不觉得累，需要的睡眠时间少。要注意不可熬夜太多，保持充足睡眠，否则容易损耗精气。

🌹 只要吃得对，减肥从此不怕吃

时尚轮流转，环肥燕瘦，风韵却各有千秋。对于那些谈胖色变却不舍口福的准新娘，下面这些食物健康又减肥，可以放心地大快朵颐了。

1. 蒟蒻（魔芋）　不少人误以为蒟蒻即是果冻，其实蒟蒻（又称魔芋），是一种草本植物，其根茎经去皮、烘干磨成粉后，再加工即可制成蒟蒻食品，包括甜品、面条及素肉等。蒟蒻几乎零卡路里，并且不含脂肪，却含有丰富的纤维，可在肠胃内吸收水分，食用后易有饱足感，多吃也不必担心。蒟蒻也具有水溶性纤维，被人体吸收后可阻碍肠内细菌繁殖，并导引细菌排出，因此有胃肠清道夫之美名。

2. 鸡蛋　一只50克重的鸡蛋含7克蛋白质、6克脂肪、82卡路里，蛋黄中含有卵磷脂，它是一种乳化剂，可使脂肪、胆固醇乳化成小颗粒，再从血管排出后被身体所用。鸡蛋中的维生素B12亦可以分解脂肪细胞，对付腹部脂肪尤为有效。不过为避免吸收过多胆固醇，建议多吃蛋白、少吃蛋黄。白煮蛋的热量也比炒蛋及煎蛋低。

3. 西红柿　一个中等大小的西红柿只有40卡路里的热量，相当于一碗白米饭的五分之一。西红柿本身具有止渴生津、健胃消食、清热解毒、降低血压之功效，而且西红柿易使人有饱腹感，食物纤维在肠内可以吸附多余的脂肪，将脂肪和大便一同排出。西红柿含有丰富的维生素B群，能促进脂肪的代谢。在饭前吃西红柿，有助脂肪燃烧。

4. 即食麦片　办公室的白领总喜欢吃即食麦片来代替正餐，麦片含有丰富纤维，可以带来饱腹感，麦片含碳水化合物、钙质及水溶性纤维，可降低胆固醇水平，帮助身体带走坏胆固醇，稳定血糖及减少患心脏病和糖尿病的风险。因麦片并不能为身体提供蛋白质，不宜长期代替正餐，长期缺乏蛋白质会令人易感疲倦及引致脱发等问题。

5. 西柚　西柚又称葡萄柚，因西柚减肥法的盛行而一直是减肥人士的大爱。西柚富含维生素C及大量抗氧化元素，而且热量十分低，每个含有70～80卡路里，加上含丰富钾质，有助减少下半身的脂肪及水分积聚。其食用纤维也能保持血管及心脏健康。美国圣地亚哥营养研究中心指出，西柚能阻止碳水化合物转化为脂肪，有助瘦身。

6. 奇异果　在日本有水果博士之称的本桥登博士，经多年研究后推出《Kiwi奇异果早餐减肥法》一书，强调无须过度节食，利用奇异果本身蕴含的营养素，于早餐时段进食，即可达到瘦身效果。奇异果除含丰富维生素A、C、E及钾、镁、纤维素之外，更含其他水果少见的营养成分如叶酸、红萝卜素、钙、黄体素等，而且每100克只有55卡路里，属低热量的水果。

7. 木瓜　众所周知，木瓜具有丰胸作用，也可同时为你纤减身上的脂肪。木瓜含木瓜酵素，酵素不仅可分解蛋白质、糖类，更可分解脂肪，通过分解脂肪可以去除赘肉，促进新陈代谢，并把多余脂肪排出体外，从而达到减肥的目的。不得不提的是，木瓜亦具美颜功效，能促进肌肤代谢，帮助溶解毛孔中堆积的皮脂及老化角质，让肌肤显得更有光泽及年轻。

8. **菠菜**　半碗菠菜只有26卡路里，菠菜含有丰富的钾、维生素A和C，而作为深绿色蔬菜，菠菜也拥有丰富的铁质，对缺铁性贫血有改善作用，能令人面色红润。不过要注意烹调方法，因为菠菜是相当容易流失营养的食材。特别提示，菠菜除了不应与豆腐同食外，也要尽量避免和富含钙质的豆类、豆制品，以及木耳、虾米、海带等食物一同烹煮。

9. **苹果**　苹果里的果胶遇到水后会膨胀，所以吃苹果加上喝水，会很有饱足感，加上苹果营养丰富，是相当理想的减肥代餐。苹果含有丰富的维生素B、B_1、C及胡萝卜素；此外还含有糖类、钙、钾、铁、锌、纤维素、苹果酸等。果胶及鞣酸有收敛作用，可将肠道内积聚的毒素和废物排出体外。其中的粗纤维能松软粪便，利于排泄，无毒自然一身轻。

10. **竹笋**　每100克可食部分有热量19卡路里。竹笋具有低脂肪、低糖、多纤维的特点，食用竹笋不仅能促进肠道蠕动，帮助消化，去积食，防便秘，并有预防大肠癌的作用。竹笋含脂肪、淀粉很少，属天然低脂、低热量食品，是肥胖者瘦身的佳品。

11. **冻豆腐**　每100克可食部分有热量56卡路里。豆腐经过冷冻，能产生一种酸性物质，这种酸性物质能破坏人体的脂肪，如能经常吃冻豆腐，有利于脂肪排泄，使体内积蓄的脂肪不断减少，达到瘦身的目的。冻豆腐具有孔隙多、营养丰富、热量少等特点，不会造成明显的饥饿感。

12. **绿豆芽**　每100克可食部分有热量18卡路里。绿豆芽有清除血管壁中胆固醇和脂肪的堆积、防止心血管病变的功效。经常食用绿豆芽可清热解毒，利尿除湿，解酒毒热毒。多嗜烟酒肥腻者，如果常吃绿豆芽，就可以起到刮油胃、解热毒、洁牙齿的功效，同时可防止脂肪在皮下形成。

13. **菠萝**　每100克可食部分有热量41卡路里。菠萝营养丰富，含有人体必需的维生素C、胡萝卜素、硫胺素等维生素，以及易被人体吸收的钙、铁、镁等微量元素。菠萝果汁、果皮及茎所含有的蛋白酶，能帮助蛋白质的消化，能分解鱼、肉，适合吃过大餐后食用。

只要动得对，就可以楚楚动人

在减肥的过程中，节食和运动一直是两个互相补充的部分，缺一不可。可试试以下几种减肥法，会让你事半功倍。

一、**倒着走路瘦身法**　只要你努力地去做，就一定会有效果。这一方法不仅有减肥的功效，而且又能促进血液循环，不但可以矫正驼背，体力也得到了明显的增强，注意力也会比从前集中。但最近的一项研究报告称，使用这一方法也存在很多误区。据说，倒着走路会使膝盖的运动负荷量增大，很容易对关节造成损伤。因此锻炼的时间不宜过长，以每分钟120步的速度走上15分钟左右就可以了。刚开始做的时候可能会有点不适应，而且会很累，但只要坚持不懈地做下去自然就会适应的。

> **贴士：**既能瘦身又能矫正不良的身姿。锻炼的时间要适当，而且一定要努力地做下去。

二、**散步瘦身法**　做上一两天就能减掉1~2公斤的体重。如果你仅仅是以散步为目的去做的话，很容易就会因为感到乏味而半途而废。如果你喜欢逛街，那么可以去逛一逛街，这样既不会感到乏味无聊，又能达到散步瘦身的目的。起初，可能会感到全身疲惫，而且还会出现浮肿的现象，但体力增强以后就没什么大碍了。胳膊和腿的动作幅度越大，减肥效果也会越好，但千万不要过分勉强自己。

> **贴士：**就算散步的时候感到口渴或者肚子饿，也绝对不可以喝冰镇饮料或者吃零食。

三、**哑铃瘦身法**　使用起来非常方便的一种器材。手握哑铃坐下来，然后上身向前做俯身运动。每天晚上做30次左右，对那些缺少肌肉、满身赘肉的人也能起到增加肌肉量的作用。这样不仅可以瘦身，而且还能锻炼出一身健美的肌肉。

动作1：双腿分开站立，膝盖弯曲。胸部向前倾，但是背部始终保持挺直。双手持哑铃，向两边水平提起，感觉到背部肌肉在用力。重复此动作2组20次。

动作2：两腿并拢站立，双手置于脑后交叉，也可以向水平方向打开。胸前倾然后回来，重复此动作3组20次。

动作3：这个姿势要求腰背部紧贴台阶凳，以保护下背部。两手各握一哑铃，手掌向前，关节朝上。手握哑铃向胸部两侧伸出，高于身体。注意手腕要直，与手成一直线。肘部要刚好低于台阶凳。

动作4：垂直向上举起哑铃，两臂完全伸展，手腕、两肘与两肩成一条直线，同时呼气，举起后坚持，数4下，放下哑铃回原位，吸气。这个动作重复2组10次。

> **贴士：** 既能减少体重，又能起到收腹的作用。关键在于每天坚持不断的练习。尤其对上身肥胖的人很有效。

四、 收缩肛门瘦身法　它和瑜伽一样，用力地收缩肛门附近的括约肌，而且做的次数越多效果就会越好。因为这样做可以帮助肠道收缩，促进消化和排泄功能。消化和排泄功能良好，自然就不会发胖了，脸部的皮肤也会变得更加富有弹性。如果哪一天早上起床后你发现脸肿得很厉害，那么不管是在公共汽车上还是在其他任何地方，都可以不停地收缩括约肌。它不仅有着提神醒脑的功效，而且还能预防痔疮，对女性疾病的治疗也很有帮助。这一方法很适合那些脸和小腿等身体各部位经常浮肿的人或者肠胃功能不好的人去做，但患有严重便秘的人不可以使用这一方法。

> **贴士：** 可以帮助人体内部循环和排泄，效果很好。在日常的生活当中做起来也很方便，而且这也是冥想法的一种。

五、 手指瘦身法　做的时候不受场所的限制，而且很容易掌握。其具体的方法就是将手心朝上，手中就像握着一个装有水的小气球一样持续地蠕动五指指关节。所谓十指连心，这样做会间接地对体内各个器官起到刺激作用。使用这一方法不仅能够减肥，而且还能促进血液循环，更有提神醒脑的作用。极力推荐给那些一到冬天就手脚冰冷或者因体内循环不畅而经常浮肿的人们。看似简单，但只有亲自做过之后才会知道，其刺激作用还是很大的。一般要做到手掌发热为止。一天当中只要有一点空闲就要去做。

> **贴士：** 通过刺激五脏六腑来促进血液循环，从而可以起到瘦身的作用。

神奇经络也可以减肥

眼下，市面上新鲜稀奇的减肥方法层出不穷，而经络减肥调理的神奇效果有目共睹。通过循着经络走向对重点穴位进行点按、推揉，通过补气和打通经络增进脏腑的功能，有效地改善代谢和内分泌。很多人做过以后都说没有饥饿感，这是因为"气足不思食"。而经络通、气血旺又会促使新陈代谢加快，从根本上解决了内分泌失调和代谢缓慢及紊乱造成的肥胖问题，同时对便秘和失眠也有良好的改善作用。

经络穴位减肥按摩法通过按摩特定的穴位，可缓减饥饿感，帮助控制饮食。该点穴减肥法对局部肥胖有很好的疗效，并可以起到调节月经，治疗便秘，降低血脂等作用，做起来也特别舒服。

更神奇的是，很多经过经络减肥调理过的人停止调理后还会继续掉体重，直到达到标准体重。经络减肥调理后，会自然恢复人体的曲线美，达到收腹挺胸的效果。

1. 沿大椎穴、肩井穴双手从肩部至腰部由上而下，用力推擦3~10分钟，以透热为度。

2. 指按、点揉、轻推关元穴、气海穴、天枢穴、中脘穴，每穴1~5分钟，以透热为度。

3. 背脊沿腰提脊3~5分钟，以不痛为佳。

4. 用手掌沿大腿至小腿处作推摩3~5分钟。

5. 沿胸部上下按摩3~5钟。

6. 掌摩腹部或手指击腹1~3分钟，以温热为度。

7. 腰部点、按、揉2~5分钟，有规律地在命门穴处按压2~5分钟。

8. 以掌部擦摩腰部肾俞、三焦俞穴各1分钟。肘压环跳穴、承缺穴3~5分钟。

9. 按摩足三里、肝俞、脾俞、胃俞、肾俞、大肠俞、肾俞穴等，以3~5分钟为宜。

10. 在足内侧，由上而下做擦法，动作由慢到快，3~5分钟为宜。

11. 点揉三阴交穴1~2分钟。

12. 浅推排毒减肥。通过按摩肥胖症区及消耗点，促进新陈代谢而达到减肥的方法。按摩全身主要淋巴点，如腋窝、双乳之间的乳导管部分，腰部及双膝的后面，10~20分钟为宜。

13. 拍打全身上下减肥法。以10分钟为宜(腹部拍打以轻缓为主)。

14. 抖动减肥法。取站位，以手臂带动腰、肘乃至全身抖动，10分钟为宜。

🌹 小小刮痧不仅可以排毒也可减肥

人体拥有各种各样的经络和穴位，如果能够准确按摩经络，使用中医减肥，就能够有效达到目的。刮痧减肥这种中医减肥法越来越受到减肥者的欢迎，使用刮痧板按摩脾胃经络，可以让你有效打造苗条身材。

首先，减肥跟减重是两回事。大部分人认为减肥就是减重，其实不然，刮痧减肥是侧重于减脂肪。因为一个人体重若是在正常范围之内，做刮痧治疗时体重自然变化不会很大，只是针对局部一些脂肪进行重新构造，实现改善体型的目的。在这个过程当中，是调整脂肪的比例与分配，减去多余脂肪。

刮痧减肥的速度根据个人的体质和对刮痧治疗的接受能力而定。比如说你的体重超过正常范围较多，那么减起来的速度可能就会快点。如果说体重在正常范围或只高出少许，那么你的速度就会慢一点。

很多人以为刮痧减肥每天都会有进步，每一次都会有效果，其实不是这样。刮痧减肥分为几个步骤，在第1~2个疗程之间减肥的速度可能会比较快，体重会降得比较多，而3~4个疗程这段时间里，体重会进入一个稳定的平台期，到4~5个疗程后体重进入到一个缓慢减重期，这时体重、腰围等再次会慢慢减少。皮肤经过一段时间的松弛后，此时也会慢慢收缩回来，所以刮痧减肥

疗效是一个累积的过程，初期的减重效果并不能一直延续，一个相对较长的平台调整期的存在，可能使你失去信心，这也确实是放弃治疗的常见原因，但这恰恰是你的机体重建新的代谢平衡点的关键时期，所以把握好这一时期的治疗非常重要。

一般来讲，过度节食减肥，减肥速度越快，对健康的损害越大。然而刮痧减肥则不同，因为中医减肥过程并不要求你主动节食，而是通过刮拭刺激穴位等调节代谢平衡，从根本上调节食欲，使肥胖者体内多余浊脂消散，体重减轻，从而达到减肥目的。

每个人都希望拥有苗条的身形。对东方医学来说，"胃部机能亢进，便会造成饮食过量。"而过度摄取的食物如果无法消化，便会淤积于体内，造成肥胖。因此为了整顿消化机能，便须多按摩能提升代谢率的胃与脾。刮痧的基本程序如下。

1. 头部　代表心、肺的区域与代表脾、胃、肝、胆的区域，需以刮痧板的前端轻轻刮动。

2. 手掌　使用刮痧板的前端，分别刺激手掌中心的胃经络、无名指下方的脾经络以及大拇指下方拇指丘的心经络。按摩时，须将刮痧板立起与手掌垂直。两手须轮流进行。

3. 腿部　位于腿部胫骨内侧的脾经络，必须先由脚踝往膝盖的方向疏通。使用刮痧板的前端一面进行小范围的刮动，一面缓缓往上走。接着，针对位于腿部正面胫骨朝外侧一指处的胃经络，须由膝盖往脚踝的中央慢慢向下疏通。两个部位都须使用刮痧板的前端，且双脚须轮流进行。

透过分区按摩，达到苗条身形的目标。以脾与胃经络为目标刮痧按摩，主要功效为预防肥胖。完成这个步骤后，为了让身材更凹凸有致，可针对希望改善的部位进行按摩。秘诀在于使用刮痧板的侧面，在希望改善的部位进行大范围的疏通。由于推散经络能提升代谢率，可让塑身的功效更上一层楼。

1. 手臂　使用刮痧板的侧面，由手臂内侧到蝴蝶袖的位置，彻底地进行疏通。由肩膀朝手肘刮动，且两只手臂必须轮流进行。

2. **臀部**　以刮痧板的侧面，由大腿根部与臀部交接的位置向腰部的方向刮动。两侧皆需轮流进行。

3. **腰部**　使用刮痧板的侧面，由心窝往耻骨的方向朝下刮动。对身形相当重要的侧腹部也别忘了进行按摩。两侧必须轮流进行。

4. **腿部**　使用刮痧板的侧面，在大腿内侧由膝盖的方向往大腿根部向上刮，至于大腿外侧，则由大腿根部往膝盖的方向朝下疏通。以5~10厘米幅度移动刮痧板，且双腿必须轮流进行。

5. **肥胖部位**　直接刮拭肥胖的局部，应使按压力传导到皮下组织，促其被动运动，有利于加强新陈代谢，消除局部的水分和脂肪，达到减肥目的。肥胖部位可以刮10分钟，或者刮到出痧为止。

需要注意的是，刮痧不是痧出得越多越好，因为刮痧治疗肥胖时，它选择的刮拭部位是根据中医学理论选择脾经和胃经上的穴位和针对性的部位。是通过加快皮下组织运行，激活皮下消脂细胞代谢，从而起到作用。刮痧时有短暂的刺痛和酸、麻、胀等感觉，为了美丽和健康，你需要忍一忍。

🌼 熬夜和短眠，肥胖的大帮凶

长期熬夜、睡眠不足会导致发胖，这已是医学界的共识。

一项研究表明，与每晚睡眠时间为7~9个小时的人相比，那些每天晚上只睡4个小时的人体重超重的可能性会增加73％，睡5个小时的人会增加50％，睡6个小时的增加23％。

而另一项研究显示，如果一个人睡眠不足，每天只在凌晨4点到早上8点这段时间睡觉，睡眠只有4小时，持续5个晚上，体重就会大幅增加，体重上升幅度比每晚从10点睡到早上6点的人大很多。

为什么长期熬夜的人容易发胖？这是因为半夜不睡觉这段时间，很多人会多吃东西、多摄取热量，以保持清醒，与其他时间相比，半夜常会吃下更多高脂肪食物，所以慢慢导致发胖。

为了证明这个说法具有科学性，美国西北大学研究所挑选了250名居民参与此研究计划，这些人年龄介于22岁到50岁之间，都没有肥胖问题。研究人员请他们到实验室住了18天，并将其分成两组，一组睡眠受到剥夺，另一组睡眠则正常。在这段时间，研究人员按时供应餐点，在实验室厨房有充足食物，参与研究的人如果在其他时间想吃东西，可以自由到厨房取用食物。

参与研究的人虽然可以自由行动，但研究人员不允许他们做运动，他们只能进行看电视、阅读、打电动等静态活动。研究人员经过18天的观察，得出上述结论。

如果你要想保持苗条身材，最好保持充足睡眠，不要长期熬夜。

🌹 减肥也要顺应生理周期

经期也能助你减肥，以下方法将为你详细介绍。

如果你的周期是7月1日开始，那就要在7月8日~7月14日减肥最为有效，7月22日~7月28日就可以放纵一下，去享受美食。

如果想减肥可以参考一下，以免在不对的时间浪费力气。以28天为一个生理周期循环来看。从生理期第一天开始可分为：

【瘦身福利期】1~7日

【瘦身超速期】8~14日

【瘦身平快期】15~21日

【瘦身缓慢期】22~28日

在生理期间【瘦身福利期】对正在进行的节食计划可缓和些，结束后【瘦身超速期、平快期】是最恰当的减肥时机，生理期来之前【瘦身缓慢期】可增加运动量为下一个生理期的减肥计划做些准备。

【瘦身福利期】（生理期来的那几天）

A. 身体状况：腹闷胀痛，体温较低，手脚容易冰冷，心情抑郁，肤质敏感或长痘，体重上升，容易腹泻或便秘。

B. 你应该这么做：

1. 补充铁质及纤维质丰富的食物，如菠菜、海带、鱼、葡萄等。

2. 避免生冷的食物、冰品或饮品。

3. 放松心情做做和缓的运动。

【瘦身超速期】（生理期过后的第一个星期）

A. 身体状况：精神安定心情愉快，肤质细嫩光滑，新陈代谢快，消化功能佳。

B. 你应该这么做：

1. 进行正确的减重饮食。此时最能控制食欲，稍严格的减肥计划也能持续。

2. 可进行较激烈的运动，每周至少运动3次，每次至少30分钟。

【瘦身平快期】（生理期过后的第二个星期）

A. 身体状况：体温逐渐上升，新陈代谢稍缓，食欲渐增营养吸收好，乳房微微发胀刺痛。

B. 你应该这么做：

1. 维持低卡低脂的瘦身饮食。若食欲大增，不妨多食用蒟蒻、仙草等较有饱腹感的食物。

2. 持续运动。不妨变换不同的健身运动增加新鲜感与趣味性。

【瘦身缓慢期】（生理期要来的前一个星期）

A. 身体状况：情绪不定，暴躁易怒，身体浮肿，体重稍微上升，可能有便秘的情况，皮脂腺分泌旺盛，容易长痘痘。

B. 你应该这么做：

1. 饮食不要放松，保持健康的节食，别为了安抚情绪而放纵口欲。

2. 心情不好时试着去运动，流流汗吧。虽然有时体重下降不明显，但生理期过后，说不定体重会迅速下降2~3公斤。

第二节　局部减肥篇

🌹 变脸成为迷人的V脸型

在这个以瘦为美的时代，小脸型大行其道。尤其是V字形脸（俗称瓜子脸），更是众多MM的最爱。但是，不少女生的脸型偏胖，这很是让MM们，尤其是期待以完美形象示人的准新娘们不胜其烦。其实，还是有办法让大脸型变小一点的。

1. **找到咬肌**　鼓起腮帮子，双手按压找到突出的肌肉硬硬的那个地方，就是咬肌。咬肌肥大除了遗传因素，还跟你的个人生活习惯有关系，如饮食中经常吃硬的食物，或经常吃零食、吃口香糖等。

2. **握拳按压**　手握拳，用中指的指根骨头，用力朝咀嚼肌按压。直到感觉到酸痛，松开，继续按，坚持2分钟（可以两边同时按压，看上去就像用拳头打脸一样）。

3. **排毒按摩**　擦上一点面霜或者按摩霜，用两手的手指，依次从下颚推到耳根，推1分钟就可以达到排毒的效果了。睡眠不足、临睡前喝大量水、压力等因素容易令淋巴阻塞，各种代谢产物无法迅速排泄从而导致脸肿等，做一些淋巴小按摩就能帮你的脸排毒，不仅脸会变小，肤色也会更健康。

4. **勺子抹脸**　在小钢勺的勺心和勺背涂上一些橄榄油，反复用勺心、勺背沿着脸的轮廓涂抹，即能得到你想要的脸型。

🌹 甩掉壮硕的麒麟臂

麒麟臂常常用来形容女人的手臂不够纤细，与其体态搭配得不好看。胳膊肉肉的会让人看起来很魁梧，尤其到了夏天和穿礼服时，所有无袖的款式都与壮手臂无缘，让人十分沮丧。那么，不妨试试以下方法。

1. 深蹲瘦臂法 这招瘦手臂的方法是越胖的人做起来越累，但也是越胖的人做完之后越有效果。方法是：找到一个略低于腰部的桌子，原则是要很稳。身体背对桌子，把手掌放在身后的桌上，用大臂的力量带动身体做深蹲运动，每次下蹲都要让大臂与小臂弯曲成90°，50个一组，做完后请充分放松。刚开始做足50次后有种胳膊要酸掉的感觉，但是充分放松后，坚持做的话还是可以再继续做一组的。这个动作长期坚持不仅会让手臂变细，而且可以重塑手臂线条。

2. 握哑铃瘦臂法 握哑铃锻炼手臂的方法很老套，但是比较有效，可以继续尝试。这里要给大家推荐的是一种改良的哑铃瘦臂法，适合手臂上有很多肉肉的朋友。

握好哑铃后，举起双臂，贴紧耳部，把小臂向后弯曲，感觉手可以摸到自己的后颈就抬起，重复动作。如果没有哑铃，也可以用差不多大小与体积的瓶子代替，甚至是时尚杂志也可以，做的时候可以和传统的横向哑铃锻炼手臂法交替进行，锻炼不同肌肉群，以保持运动的多样性，比较容易坚持。

3. 公交地铁瘦臂法 在坐车时，不要扶身边的扶手，而是尽量去握头顶上的扶手，而且握的时候要一下下地用力，让你的手臂肌肉得到拉伸。别小瞧这个简单的运动，比起和你一起上班坐在公车上的同事而言，日积月累，你会拥有更漂亮的手臂。

4. 蛙泳瘦臂法 游泳对减肥非常有好处，适合全身都想瘦的准新娘使用。特别是游蛙泳时，让手臂往水下划水，而不是正常的在水面划，就算速度慢一些，也会更加锻炼手臂。

5. 淋巴循环运动法 要收紧上臂，先按摩淋巴腺，使手部积存的水分与代谢废物流失，让臂部瘦下来。按摩的基本法则是从手腕刺激到手臂根部，不要太过用力，以轻柔摩擦程度的力度进行即可。另外，手肘亦是淋巴管集中的部位，必须用心保养。

动作一 坐在椅子上，左手轻轻握拳，在右手外侧以敲击的方式，从手腕一直刺激到手臂根部。换手臂敲击，两边各刺激3~5次。

动作二 用左手抓住右臂外侧，从手腕一直到手臂根部，以抓紧、放松的方式缓慢往上刺激，换手臂，两边各握3~5次。

动作三 将左手的拇指贴于右手肘的内侧，轻轻按压约10秒。然后换另一只手。手肘内侧淋巴丰富，轻压可以促进停滞的淋巴液流通。

动作四 取一条干燥柔软的毛巾放在肩头，经由胳膊外侧缓缓往手背擦拭过去，再由手掌通过胳膊内侧，往腋下擦拭上去。这个简易毛巾循环法不同于以上的手部按摩，它更注重手臂"气的循环"，以毛巾来摩擦可以使停滞的手臂能量变得通畅，加速新陈代谢，有效消除浮肿和脂肪。

医生建议 对于电脑族而言，日常要刻意让平时用得少的一只胳膊多运动，手握哑铃或装满水的矿泉水瓶，由前而上伸直再往后，谨记要贴紧你的耳朵来做这个动作。缓缓往前放下，重复此动作15次，做完时上手臂会有酸酸的感觉，每天做45次，有助于手臂减肥。

◎ 与小"腹"婆说拜拜

怎样减掉肚子上的赘肉，彻底和小"腹"婆说拜拜？下面的4大瘦腰技巧，能促进腰部脂肪分解，快速瘦出小蛮腰。

技巧一：坚持做仰卧起坐 腰腹运动可以帮助内脏蠕动，排除胀气和宿便，并且强健腹部肌肉，一来能托住内脏不往下掉，二来能抑制腹部脂肪堆积。

技巧二：走路姿势 走路姿势会让你在瘦身同时，显得格外美丽。腰部有赘肉的人，可在走路时多做些转腰运动，效果良好。只要维持这种走路方式，肚子就会因此紧绷，对预防臀部下垂也很有效。轻松的方式走路不一定能达到运动的效果，若用快步走及保持些许的紧张，情况就不一样了。因为姿势的矫正，也能整顿内脏，强化内脏功能，让你更健康。

技巧三：腹部按摩 除了着重对穴位的按摩，借助于人体的经络走势进行按摩，同样可以让你更快告别水桶腰。将双手重叠放在肝区上（右侧第11、12根肋骨附近），顺时针、逆时针各转50圈；双手重叠再放在脾区上（左侧第11、12根肋骨附近），顺逆时针也各转50圈。每天起床前和入睡前，平卧床上各做一遍，数日坚持，可见效果。

吃掉小腹赘肉

便秘是导致大腹便便的原因之一。下面这些饮食，会帮助你轻松瘦小腹，让你从此摆脱便秘的烦恼。

1. 早上空腹喝水　一起床就补充水分有消除便秘的效果，因为夜间肠胃都处于休息状态，早上未进食前喝水，肠胃运动会比平常快速，让水分立即输送到大肠，增加粪便的含水量，柔软的粪便也更好排出。因此，建议早上空腹时喝两杯温开水，一杯约240毫升。

2. 喝优酪乳　优酪乳中的益生菌可以帮助消化，益生菌在肠道中会让其中的纤维素发酵，生成的有机酸就会促进肠道蠕动。但是饮用市面优酪乳的缺点是含糖量太高，喝太多容易发胖。每天一杯优酪乳就能让身体吸收到足够的益生菌，如果可以自己制作优酪乳更好，能够控制含糖量，或者选择以大豆发酵的优酪乳，糖分也比较少。

3. 喝玫瑰花茶和蜜枣茶　蜜枣含有丰富的果胶，有很好的软便效果，而玫瑰也有软便的效果，加上补充身体水分，所以这样喝是有效的。但需要注意的是这个方式偶尔为之可以，长期使用会让肠道麻痹反而无效了。

4. 早餐喝咖啡　很多女明星都习惯在早上喝黑咖啡来消水肿，这是因为咖啡具有利尿的效果。同时，咖啡豆中的咖啡因也会刺激副交感神经，促进肠道的蠕动，让早晨排便变得更加顺畅。有些人喝冲泡式咖啡会觉得效果比较明显，是因为冲泡式的咖啡因含量较高的原因。

6. 在米饭中加入糙米、全麦等粗谷类　全谷类食物含有丰富的膳食纤维，这种非水溶性的纤维质本身就有刺激消化道运动的效果，而且它无法被消化酵素所分解，会在肠道中发挥扫帚的功效，增加粪便的体积，将大肠曲折处的宿便刮除并排出来。

7、喝蜂蜜水帮助排便　蜂蜜中含有丰富的果糖，果糖本身就有很好的通便效果，专家表示一天只要摄取50克的蜂蜜就有效了。人体一天总共需要1000毫升的水，这个配方是以50毫升的蜂蜜搭950毫升的水调配而成的。

🌸 练就修长纤细名模腿

要想亭亭玉立，须有一双美腿。下列运动是美腿的几项最佳重量训练动作：

1. **腿部伸展** 这项运动能锻炼膝盖上方的肌肉，并能加强支持膝盖的肌肉组织。如果在健身房，做这个动作可使用腿部伸展器械来练习；如果在家中，你可坐在椅子上或床上，双手固定支撑住，用两踝夹住一个哑铃或枕头来做此练习。该动作只需坐着，弯着膝部，然后伸直膝部。你会感觉到大腿肌肉收缩。伸直后慢数2下（静止2秒钟），然后花4秒下放重量。也就是说，向上伸腿速度相对快于放下速度。初学时练2组，适应之后可练3~4组，重复动作可做12~20下。腿部伸展是每次腿部练习的开始动作。

2. **蹲举** 蹲举能强健股肌、健美腿型，是最佳锻炼腿部的练习。你可以每日清晨一起床便蹲举。此动作要求手持哑铃置于两肩上，或用枕头置于颈后。然后下蹲至大腿与地面平行，而不是深蹲。如蹲得太低，很容易拉伤膝盖。初做这一动作时，可练习2组，每组动作重复12~15次。适应之后，每次练习可做4组，每组15次重复动作。

3. **马式蹲** 这个练习类似蹲举，但更能隔离前股肌。蹲举则牵涉及更多臀部动作。如你去健身房，可用马式蹲器械练习此动作；如在家中，双手在体前抓住门把（或某一固定物）做马式蹲的练习。动作基本与蹲举相同，只是更换双脚位置，即可锻炼大腿不同部位的肌肉。如紧并双膝踝站立，则注重锻炼大腿外围的肌肉；如双膝踝向外侧开，则锻炼大腿内部肌肉。下蹲时，慢慢弯下；起立时，尽量缩紧臀髋，且小心控制。慢速控制动作以取得最佳成绩。初练时，可练2组，每组重复15次。适应后可做4组，每组重复20次。

4. **弓步蹲** 开始时可能会觉得别扭，但多练习就好了。做该动作左脚固定站立，右脚向前迈一大步，呈跨步姿势。然后还原再重复此动作，连续做15~20次。左右脚交换，做同样弓步蹲动作，次数相同。也可以向左右侧迈一大步，而不是向前。此动作可锻炼松软的大腿内肌，但是，请先学会平衡身体，才能练习这个动作。否则，可能会因失去平衡而跌倒。

练出美腿还可以这样做：

1. 有空就可反复地立起脚尖，再放下，这样可以运动脚底肌肉，紧缩小腿线条，每次最好练到小腿肌肉有些酸痛。屈膝和在楼梯上（半个脚掌着地）做效果更好。

2. 在坐着看电视时，可上下举动脚部，请注意双脚动作要交替进行，以不低于平均每分钟120次的速度来锻炼。结束后，若感觉小腿肌肉紧张，可以用热敷、拍打或揉捏方法来助其放松。

3. 如果家中是木地板，尽可能不穿拖鞋，光脚走路，可刺激脚底穴位，有利健康。

4. 倒踩脚踏车。此动作是最普遍的腿部运动。一开始身体先平躺在地上，然后双脚抬起将脚尽量朝头方向伸。双手置于身体两侧，手肘弯起，用手掌撑住腰部，双脚向上作踩脚踏车状。此动作效果在于修饰大腿的线条，如果做得时间长，也会有类似有氧运动消除脂肪的效果。注意事项：手肘保持弯曲90°。踩脚踏车的动作要像真骑车一样，是一种圆弧形的运动，不要只是用力向上踢，以免伤了关节。掌握了以上知识之后，每天可以慢慢训练，量力而为。

第三节 纤体减肥饮食篇

下面介绍的是屡试不爽的几款减肥饮食。这些饮食，食材普通，做法简单，经常食用，可以让你变得体态轻盈，亭亭玉立。

瘦身又滋补，木瓜猪肚汤

材料：木瓜、猪肚、姜片、陈皮、蜜枣、生粉、盐、油各适量。

做法：

1. 猪肚用生粉及盐里外揉搓三遍，并用刀刮去肚内残留及黏液，洗净，然后放入沸水中滚2~3分钟，把猪肚取出，用刀刮去猪肚上的苔，再用油搓洗干净，切片，再放沸水中焯出泡沫，捞起备用。

2. 木瓜去皮去核切厚块，陈皮用热水泡软，用刀刮去白瓤，蜜枣去核。

3. 砂煲里放适量清水和姜片、陈皮、蜜枣一同煮开，放猪肚煲45分钟后，下木瓜再煲45分钟。喝时可调入适量的盐。

美味兼减肥，菠菜煎饼

材料：菠菜150克，盐1茶匙，色拉油2大匙，面粉100克，糯米粉50克。

做法：

1. 将面粉、糯米粉加水调匀成面糊，静置约20分钟备用。

2. 菠菜洗净，用滚水氽烫约1分钟后捞起冲凉，再挤干水分并切成小段备用。

3. 将盐与面糊、菠菜一起调匀。

4. 热锅，加入色拉油，再均匀倒入面糊，以小火煎约1分钟让面糊稍微凝固后翻面，用锅铲使力压平、压扁面饼，并不时用锅铲转动面饼，煎至表面呈金黄色时翻面，另一面也煎至呈金黄色即可。

🌹 清热利湿宜减肥，丝瓜苦瓜双瓜汤

材料：鲜丝瓜、鲜苦瓜各200克，猪瘦肉200克，色拉油50克，精盐4克，绍酒15克，葱末10克，肉清汤750克。

做法：

1. 苦瓜洗净，剖开，去瓤，用精盐稍腌，放入沸水锅内焯一下，捞出沥净苦水，切条；丝瓜洗净切块；猪瘦肉切丝备用。

2. 炒锅放在火上烧热，放入色拉油，下入葱末爆香，下入猪肉丝煸炒至水干，烹入绍酒，放入精盐、肉清汤，烧煮至猪肉丝熟，下入苦瓜、丝瓜煮熟，盛在汤盆内即成。

🌹 通畅利便更减肥，清炒韭菜

材料：韭菜500克，色拉油30毫升，盐5克，味精2克。

做法：

1. 把韭菜摘去老叶、老梗，洗净，切成4厘米长的段。

2. 锅置旺火上，放入色拉油，烧至五成热时，倒入韭菜，加精盐、味精迅速煸炒至韭菜变色断生，出锅装盘即成。

🌹 美味又好吃，瘦肉煲银耳

材料：猪瘦肉250克，银耳、杏仁、红枣、黑木耳、胡萝卜丝、葱丝、青椒丝、冰糖各适量。

做法：

1. 猪瘦肉洗净切成丁，入沸水中氽烫；红枣、银耳、黑木耳、杏仁分别

浸透，洗干净。

2. 将所有材料放入煲锅内煮熟后，调入冰糖稍煮片刻即成。

烹饪窍门：

1. 选购银耳时，以淡黄色、气味清香、无斑点、无杂色、根部颜色略深的为佳品，外表雪白、漂亮的银耳不要购买。

2. 银耳宜用开水泡发，泡发后应去掉未泡开的部分，特别是那些呈淡黄色的东西。

减肥好靓汤，冬瓜虾米汤

材料：冬瓜，虾米，火腿，姜、盐、油各适量。

做法：

1. 冬瓜洗净切片，火腿切丁，姜切丝。

2. 锅烧热，放少许油，待油烧热，放入姜丝爆香。

3. 放入火腿丁，翻炒几下。

4. 放入冬瓜片，继续翻炒半分钟。

5. 锅中倒适量水，没过菜1厘米即可。

6. 待水烧开，加盖小火炖煮。

7. 10~15分钟关火，撒上虾米，加入适量盐，即可出锅。

第三章　婚纱手册

　　新娘一袭婚纱在身，平添别样风采。然而，婚纱的选择，什么样的新娘穿什么样的婚纱，婚纱与身上饰品的搭配等，是大有讲究的。本章介绍的就是这些"讲究"。

第一节　挑选最美丽的嫁衣

🌸 婚纱的五个基本款型

一般来说，婚纱分为5种经典款型，现在的婚纱款型多是由这5种演变而来，确定基本款式范围后，再寻找满意的细节，就能事半功倍。挑选婚纱的正确步骤是：先试5种最基本的款型，选中一款最适合自己的再挑选其他细节。

A字型婚纱　A字型婚纱线条流畅，样式经典，适合多种场合，例如安静的花园聚会、传统的教堂典礼等。它适合各种身材的新娘，尤其能使身材偏矮的新娘看起来高挑一些，这项优点也使它在众多款式中倍受青睐。这款婚纱的裙摆可长可短，新娘如果娇小可爱，裙子过膝就足够了。在更正式的场合中，及地的长裙更为合适。

此外，通过搭配蕾丝花边、小珠子、彩带等一些小饰物还能使简单的A字裙看起来更华贵、时尚。

王后型婚纱　王后型婚纱很优雅，设计点集中在胸部，自胸部以下自然垂及地面，宽松舒适。和A字型一样，王后型风格也适应于各种场合。它比较适合身长腿短、梨形身材或是已经怀孕的新娘。

王后型婚纱最神奇的地方在于对胸部的塑形，无论是小巧还是过于丰满的胸部都能在它的装点下，取得视觉上的完美效果。一方面，它能把注意力全部集中在胸部上，另一方面，如果胸部太丰满，影响了整体的美感，选择传统的方领王后装也能进行弥补。

直筒型婚纱　直筒型的婚纱是一种贴身的款式，前凸后翘，十分显身材。它最适合苗条身材的新娘，还能拉长身段，使新娘显得高挑挺拔。一般在比较随意、亲密的场合，比如沙滩婚宴等，这种款式通常能拔得头筹，引人注目。

直筒型风格简洁，裙摆略显拘束。收身的设计、浪漫女人的款式，令直筒型婚纱更具魅力。特别提醒，直筒型婚纱对身材要求颇高，矮胖身材的新娘要慎选。

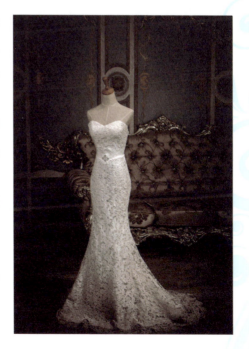

舞会型婚纱 舞会型婚纱对幻想童话般婚礼的新娘来说是最完美的选择，尤其适合大型婚礼。它的设计感集中在腰部线条，对于苗条或梨形身材的新娘最适合。尽管舞会型婚纱端庄妩媚，但对两类新娘却是个忌讳：一类是身高偏矮的新娘，由于没有足够的高度来平衡这款婚纱上下身的比例，反而使自身看起来更矮；一类是胸部特别丰满的新娘，突出的胸部与舞会型婚纱会不协调。

美人鱼型婚纱 美人鱼型婚纱是最性感的款式，动人的体态、优雅的鱼尾，是吸引眼球的最佳利器。

美人鱼型婚纱对身材很挑剔，这种大胆的设计只适合于身材比例特别协调的新娘，过于丰腴或是削瘦的身材都不足以应付这款婚纱的形体需求，尤其紧贴身的设计往往会让体形不合格的新娘将缺陷表露无疑，一不小心就会破坏整体的优雅感。

🌀 挑选婚纱的必要步骤

面对五光十色的婚纱，准新娘们往往眼花缭乱。究竟哪款最适合你呢？是A字型、王后型、直筒型、舞会型还是美人鱼型？是柔美的丝质软缎还是浪漫的蕾丝面料？你又该从哪儿着手，注意哪些问题呢？

第一步：制定"婚纱时间表" 为了找到喜欢又适合自己的婚纱，首先必须制定一张缜密的时间表。选择婚纱的最佳时间是婚前6个月。

第二步：**做好预算**　随着人们生活水平的提高，在婚礼的花费上也越来越多，而婚纱占很大的比重。我们可以根据个人经济状况，一般婚纱的费用占婚礼费用的6%~15%较为合适。当然如果预算很充裕，可考虑定制一款自己喜欢的婚纱。如果想节约开支，也可以选择到婚纱店或影楼租借。

第三步：**婚礼风格与婚纱要搭配**　在挑选婚纱前，新娘和新郎首先要确定举行婚礼的季节，准确的时间、地点和当地的风俗，根据这些因素来决定婚纱的风格。与婚礼风格一致的婚纱，是新娘最明智的选择。走在潮流前端的婚纱适合时尚的婚礼；如果你的婚礼将选择传统的仪式，不妨挑选一款古典考究的婚纱；而轻快活泼、适合户外穿着的婚纱，则是花园式婚礼的最佳选择。

第四步：**开始挑选婚纱**　婚纱可以租借也可以定制，租借的优点在于成本较低，通常几百元起价。但是其缺点在于不一定合身。定制婚纱虽然成本较高，但毕竟是量身定做，可以扬长避短，把你迷人的身材充分地展现出来。

第五步：**多多参考，全方位搜罗婚纱的相关信息**　搜集一些你喜爱的婚纱图片，并做好记号，标出你喜欢的款式和版型，尤其是领口和腰线等细节。当你与婚纱顾问或设计师交流时，记得带上你的图片，这样可以帮你更加清楚地表达自己的想法和意见。

第六步：**找个参谋**　选婚纱时一定要带上一个参谋，这个人可以是你的母亲，也可以是朋友，她应该对你了如指掌，知道什么是最适合你的。你要注意以下两点：第一，要保证她不会把自己的意见强加给你。第二，不能让你的好几个参谋同时陪你选购，因为所有的人都会让你试穿她认为最漂亮、适合你的婚纱，你会感到无所适从。一天下来，不仅让人疲惫不堪，而且可能会一无所获。

第七步：**预约婚纱店**　选好自己喜欢的婚纱款型后，就可以联系婚纱店了。普通的婚纱店都有试穿的服务，有空的话，不妨预约在工作日里。那样，店里顾客相对少一些，你可以慢慢挑个够。

第八步：**尽量和婚纱店的人多沟通**　婚纱的预算、仪式的风格、会场的格调、举行婚礼的日期以及自己对婚纱的一些构想等，都应该当面和婚纱店里的工作人员讲清楚。

第九步：心动试穿正式开始　尽可能多试穿几件不同风格的婚纱。胸部是衡量婚纱设计好坏的重要部位。胸部松松垮垮的婚纱会给人以廉价的感觉，因此和婚纱尺寸匹配的婚纱专用内衣就成了必备品。此外，收腰的部位是否正确、收腰是否有过紧或过松的现象，这些必须仔细确认。

第十步：提亮婚纱的配饰也不能忽略　决定婚纱的款式后，可以开始挑选头饰、手套、项链、耳环等小配饰了。饰物的好坏也影响新娘装扮的整体形象。

第十一步：完美新娘美丽初见　穿上婚纱、戴上头饰；精致的妆容、优雅的发型，一位动人的美新娘就此浮出水面。

贴士：

1. 有的新娘选择的婚纱似乎过于暴露。一年有365天，你可以在364天中穿得性感暴露，但在婚礼这一天，你不仅是美丽的，而且应该是恰如其分的。如果领口过低，在祝贺的宾客面前鞠躬时可能不太雅观。你可以做一个测试，穿着婚纱对着镜子做几次鞠躬的动作，你会发现，比较收拢的领口会令你更加优雅得体。

2. 婚礼上最重要的事情是要让自己彻底放松，这样才能更加漂亮迷人，所以婚纱的各部位应该安全、牢固。

3. 你一定要选择适合自己风格的婚纱，在婚礼上做好自己就最好。

4. 无论你是定制还是租借，在选择尺码上最好选稍大一点的。因为有些新娘新婚前可能出现心宽体胖的情况，如果你选的尺码大一点可以去修改一下，毕竟改小衣服比变大容易多了。

不同身材的新娘如何选择婚纱

每位新娘都是独一无二的，身材或高挑，或丰腴，或娇小，或纤瘦……在一生中最幸福的时刻，谁不想呈现出自己最美丽的一面并且永恒留存？对于不同体型的MM而言，想在婚礼上展现自己的特质、个性和靓丽、自信的一面并不难，关键是要扬长避短、选对婚纱，根据身材选婚纱，让完美的婚纱装扮神采奕奕的气质新娘。以下原则可供新娘参考：

　　娇小单薄者　想要让自己的身材显得修长，不妨选择中高腰并在腰部打褶的白色纱质面料婚纱，可以拉长身线并使腰部丰满一些；也可以选择腰线成V字的微低腰设计，以增加修长感。此外，上身可选择华丽多变的设计，裙摆上可以适当选择小拖尾，以延长下半身的视线。

　　扩大小鸟依人的可爱感觉，打造甜美纯情的公主形象。层层纱+蓬蓬裙的款型是娇小新娘的上佳之选，这样会更让你显得玲珑可爱。

　　搭配禁忌：简约型的礼服并不适合娇小新娘，还要避免舞会型婚纱，这样会显得很不搭。

　　过于单薄骨感者　过于单薄或骨感的新娘总给人一种羸弱的感觉，而且太纤瘦会显得没有精神，想要在婚礼上神采奕奕，建议你选择多层次、带有荷叶边的公主式大摆裙，以加强视觉上的丰满感觉；在袖子的选择上可以是带有花边装饰的长袖或中长袖，不要担心那会使你显得过分臃肿，它们会恰好地丰满你的身形，使你看起来容光焕发。

　　搭配禁忌：装饰物的选择不宜过大，可选择花朵或荷叶边。此外要避免露背低胸的款式，尽量选择带有装饰的高领或者立领。

　　丰腴圆润者　体态丰盈的你一定希望婚礼上显得苗条一些，建议你选择简洁化直线条裁剪的婚纱和礼服，简洁的款式会使你看起来苗条婀娜；腰部及裙摆的设计都应尽量避免繁复，以简单为宜，过多的装饰会在无形中使身体更加膨胀，显得臃肿；可选择下摆略蓬松的样式，但不宜过大，过大的裙摆会膨胀下半身；宜选低领，以V字领为佳，可以使身线拉长；装饰的花边花朵宜选用较薄的平面蕾丝。

　　搭配禁忌：不可选高领款式，高领会在视觉上压缩你的高度；也要避免厚型装饰物。

　　体态修长者　体态修长匀称是很多

女人梦想中的标准身材，在婚纱的选择上比较自由，任何款式的婚纱穿在你身上都很合宜。

时尚婚纱小建议：

1. 包身、下摆呈鱼尾状的婚纱最能展现你曼妙曲线、美好身材，如果搭配小帽及覆面额一半左右的短纱，含蓄稳重的新娘即刻秀丽呈现。

2. 简洁修身的款式也很适合你，可以使你看起来落落大方，又尽情地展示了你的好身材。

附注：

通常婚纱都是标准尺码，即中码。

腰围：66~68.5厘米；胸围：88.9厘米；总长：147.3厘米，从前颈窝到脚底，不穿鞋。

你也可以按照自己的身材尺寸定制一件更加合身的婚纱。定制婚纱时，总长、腰围、胸围、臀围、BP高、BP宽、前身长、后身长、全肩宽、胸宽、背宽是必须要的尺寸。如果定制的是带袖婚纱，除以上尺寸外，还需臂围、臂根围、袖长的尺寸。如果定制的是有领婚纱，还需要量颈根围。

🌀 不同肤色的新娘如何选择婚纱

新娘的肤色虽然不同，但巧妙利用婚纱的颜色，照样可以和肤色相映生辉。

1. 肤色适中的新娘　肤色适中，小麦色或者古铜色肌肤的新娘，一般来说肤质均匀，这种新娘属于深暖颜色类型，选择婚纱最好是米白色或者香槟白色的。

2. 肤色偏黄的新娘　这种肤色的新娘可以考虑选择稍微暖色的婚纱，也可以是水蓝色的婚纱，这些色泽的婚纱往往可以使得新娘本身就偏黄的皮肤看起来富于光泽。新娘不要以为白色显清纯就毫无顾虑地选择白色，如果一定要选择白色，那么，首先要在妆容上改变自己的肤色。比如可以选择比较白嫩的粉底，把脸部和颈部以及肩部都抹上一层白嫩粉底。那样，在搭配白色抹胸婚纱的时候，也就不会显得肤色过于暗哑了。

3. 肤色较白的新娘　一般肤色比较白的准新娘，无论选择什么颜色的婚

打造完美新娘

纱都是比较适合的。尤其是粉红、嫩色系的婚纱，搭配在白皮肤的新娘身上，那种白里透红的感觉一定可以把新娘衬托得更加柔美。

4. 肤色黝黑的新娘 黝黑肤色的新娘在选择婚纱的时候，最好选择一些色彩比较鲜艳的婚纱。但是，并不是每种黑都可以搭配鲜艳色彩的，一定是黝黑得比较均匀的、比较有光泽性的皮肤，那样搭配才能衬托新娘迷人的风采。

5. 肤色暗沉的新娘 尽量不要尝试像紫色、宝蓝、肉桂色、莲藕色、铜金色这类色调的礼服，紫色、宝蓝会让原本就不够白皙的肌肤更显暗沉蜡黄，而肉桂、莲藕、铜金这类色调会跟东方人偏黄的肌肤比较接近，远处看来甚至会分不出肌肤与礼服的界线。

🌀 不同身材的新娘如何选择礼服

现在举办婚礼时除了穿婚纱还会穿礼服。礼服就是仪式举行完后用于敬酒时所穿，贴身的礼服更能方便新娘的行动。选择适合自己的礼服，最重要的是能否表现出气质与个性，其次就是巧妙地掩饰体型上的缺点。

身材丰满者 适合直线条的裁剪，穿起来显得苗条。挑选礼服时应尽量选V领、低腰、线条简洁的款式，领口的装饰可以丰富一点，以吸引别人的目光由身上移到颈项以上。

娇小玲珑者 适合中高腰、纱面、腰部打褶的礼服，以修饰身材比例。挑选礼服时避免大蝴蝶结和下身裙摆过于蓬松，肩袖设计也应避免过于夸张，相反紧身束腹或突出上身的款式比较理想。例如强调新娘美丽的肩膀和手臂线条的无肩带、无袖或短袖款式。上身可以多些变化，腰线建议用V字微低腰设计，以增加修长感。

身材修长者 上天恩赐的好身材，任何款式的礼服皆可尝试。

身材太瘦者 适当的宽度及圆领、高领都是最好的体型修饰，而A字可让身型更有曲线感，稍具厚度的布料及艳丽的图纹缀饰，都可让你更具分量。可选择圆或大型的项链及头饰，勿选择细长的、晶莹剔透的配饰。

丰臀者　挑选礼服时最好穿强调肩部的低肩或无袖、裙身宽松的设计，尽量将别人的视线往上移，模糊视线焦点。

胸部丰满者　骄人的上围可以穿低胸礼服加以强调，但若胸围过大，挑选礼服时就应该挑选一些心形领或领口线条简单的设计，减少胸部线条的夸张程度。在挑选上最重要的是保持由颈部到腹部线条的简洁利落，如若不想太显胸部，适当的褶皱，及微低的领型都可让胸部感觉小一点。

梳高头发当然是你不错的选择，如果不喜欢，想放下头发，那可就得要清楚地抓出层次，而耀眼的饰品也是转移视线不错的方法。

胸部较平者　胸部较平的你在选择上，只要加些特别的设计即可，但高领可就不太适合你，而较为蓬松的材质，可让你的身材看起来有"料"。

小胸部远比大胸部容易修饰，除了可以胸垫来加厚掩饰外，有褶饰的礼服同样可以让你展现娇媚的女人味，不要搭配太过抢眼复杂的饰品。

手臂较粗者　宜选择中长袖的礼服。

面容姣好者　礼服不宜过于复杂、华丽，以免夺走新娘面容的光彩。

脖子较长者　高领可就是你的专利，也是特别为你设计的，你只要选择较高的领型即可。避免V形、U形或低肩带型的礼服，也不要选择细细的一条的项链。你所需要的关键在保持头发和颈线之间的平衡感，因此较低式的发型较为适合你。

脖子较短者　V领、U领、一字领都是你的最佳选择，而虽然圆形领也可以展现出部分的颈部线条，但如果是比较大的脸型，那么可能是圆上加圆，总之，多露少包就对了。

双下巴者　在领型的选择上，你只要把握住一个重点，就是不要包，多露一点，复杂、太高的领型都会是你的坏搭档，而肩部缀饰都会使双下巴更加明显，U字领可是最适合你了。发型上力求简单，配饰上也尽量不要太过复杂。

肩部较宽者　宽肩是因为肩部的线条过长，为了取得平衡，就多选择有垂直线条的剪裁及大船型领，而肩部上柔美的缀饰可柔和过宽的线条。配饰上也可以尽情发挥，细长型的项链，要比颈链更适当。

小腹突出者　太过柔软的布料会使你的腹部更加突出，而缎质、A字不会紧贴，且会随着身体的律动而得到修饰的效果，但不要因为要修饰而挑选缀饰太多的礼服。腰部的线条别太紧和太过复杂，可利用多层次来遮掩，但不要太厚重，尽量让整体看起来轻松、清爽、干净。

不同脸型的新娘如何选择礼服

鹅蛋脸柔美，圆脸可爱，方脸有型，每种脸型都有自己的特点。怎样发挥造型的优势，扬长避短，使自己变成俏佳娘，新娘们就要懂得脸型和造型的奥秘了。

圆脸新娘　挑选V字领的礼服，可是圆脸变尖脸的秘密法宝。而穿圆领礼服时，领口要大于脸盘，也会显得脸小。

菱形脸新娘　如果是倒三角形脸型，礼服的选择就没什么限制了。

长脸新娘　选礼服时，要注意尽量选船型领、方领、一字领等，这样可以把脸型横向拉伸，达到一定的平衡。

方脸新娘　要掩饰过于宽大的腮部，最好选择装饰较多的领口，用蕾丝花边调整脸部硬朗的线条，或用U字形领口来缓和脸型。

心形脸新娘　选择圆形领口或者露肩式都可以。另外，菱形脸和卵圆形的脸由于脸部比例均衡对称，所以适合任何款式的礼服。

婚纱的材质和整体风格

除了依据身材来挑选礼服外，其款式、面料、线条裁剪都很重要。穿婚纱要注意线条，线条好的婚纱穿起来效果总是加分，然而如何判断呢？

所谓线条，指的是布料赖以剪裁的版型。好版型的婚纱穿起来会很舒服，可以修饰身材。让您穿得出色动人，身材更有形。

目前婚纱采用的面料主要有缎面、欧根纱、雪纺纱、真丝布、真丝绸、蕾丝等，其中最常用的是缎和纱。婚纱胸衣部分的白缎，较好的品种手感绵厚、光泽柔和，较差的则轻飘浮艳、手感僵硬，成衣时必须大量上浆，穿在身上不太舒服，洗了以后更会缩水变形。至于做裙摆的纱料，常用的雪纺纱有化纤的也有真丝的，质地当然是后者为上。罩在缎面外面的则多为欧根纱，建议选择柔软、清透、柔和的产品。如果缎面外有全部或者大量密集的刺绣，就要罩上软网纱。这种纱一要柔软，二要细密。

同种面料有进口和国产的区别，进口又分欧美和日韩两个档次。国产面料是苏州婚纱常用的面料，比较薄、重量轻、垂感较差。进口面料则手感细腻，做工考究，价格也稍贵些。这些面料的价格与适合款式各有不同，购买和订制之前一定要把你的预算告诉设计师并听取他们的建议，以便挑选到最适合你的婚纱面料。

纱料婚纱 纱料用途多样，可用来做主要面料，也可作为辅料来应用于局部，质感轻柔飘逸，能够表现出浪漫朦胧的美感，各种季节都适用。

蕾丝：有刺绣的面料，分软蕾丝、车骨蕾丝等精致婚纱的最常用面料，其特有的制作工艺特别适合与缝珠搭配，展现贵族气质。

面料特点：蕾丝原本是作为辅料来用的，有着精雕细琢的奢华感和体现浪漫气息的特质，目前作为主料的频率正在上升。

适合款式：一般用于直身或者带有小拖尾的款式上，罩于其他面料之上，可体现出新娘的玲珑身材，如果用作辅料则任何款式都适用。

大致价位：国外尤其是法国蕾丝价位颇高，国产蕾丝就便宜许多，整体价位也属中等或偏上一些。

纱面：透明或半透明的硬丝或合成纤维，与绢的感觉类似，但手感比绢光滑。相对廉价的水晶纱，具有光泽且质感较好，增加清纯、朦胧的效果，通常在厚缎面料外附着多层欧根纱，高档婚纱礼服还会用刺绣和精致蕾丝作为装饰。

面料特点：用途多样，可用来做主要面料，也可作为辅料应用在局部。质地轻柔飘逸，特别适合在上面排蕾丝、缝珠和绣花，能够表现出浪漫朦胧的美感，各种季节都适合。

适合款式：渲染气氛的层叠款式、公主型宫廷款式。也可单独大面积使用在婚纱的长拖尾上，如果是紧身款式还可作为简单罩纱覆盖在主要面料上。

大致价位：按照质地的不同，价格也有差距，进口欧根纱价格相对比较高，整体价位中等偏上，普通的国产纱质，如玻璃纱等较为便宜。

真丝：光滑、柔软，是最贵重的婚纱面料，一般包在缎外面营造浪漫优雅的感觉。

面料特点：有着与众不同的光泽感，质地轻薄，手感柔软顺滑，带有最天然的高贵气息，与雪纺面料都是夏季婚礼的首选面料。

适合款式：既适合款式简洁时尚的直身或鱼尾款(当然对身材要求较高)，也适合用于希腊式直身款婚纱或者装饰简单的宫廷式婚纱。

大致价位：目前是价位最高的婚纱制作面料，大致有100％生丝、真丝绸、真丝双宫等几种，价位也有区别，但是基本是几千甚至上万元人民币。

> **贴士**：选购纱系列时，在经济能力允许的情况下，不要选择四层纱以下的产品。因为层数太少，会使婚纱看上去干瘪、没精打采，不够挺实、蓬松，根本无法体现纱质面料的特质。

缎面婚纱 光滑的厚缎，单面光泽度好，有分光缎、厚缎（欧版和日韩版）、双色缎，是婚纱礼服最常用的面料，质感和光泽度深受设计师和穿着者的喜爱。

面料特点：质地较厚，悬垂性好，有重量感，保暖性强，适合春秋季和冬季举行婚礼时选用。

适合款式：比较适合着重体现线条感的A字和鱼尾款的婚纱，能够表达隆重感。带珠光感觉的宫廷式或大拖尾款式的婚纱也常用厚缎来制作。

大致价位：有国产和进口之分，国产面料制作简单的款式大致在几百元人民币左右，价位居中，进口面料则稍贵。

> **贴士**：缎面能很好地体现女人的成熟、优雅。现在市场上的缎系列的产品，一般一层进口395厚缎加一层内衬即可以达到很好的效果。要是再加上较好的裙撑，则会更加完美靓丽。365缎、375缎、395缎、4810缎，这4种是常见的缎质面料，按照从395缎到4810缎依次是克重增加，垂感增强，光泽度降低。其中395缎比365缎大约重30-35克/平方米。综合来看，

395在重量垂感光泽度上都是比较适宜的，所以一般作为婚纱的首选面料。这个分类是比较学术性的，其余的像国产缎、进口缎、意大利缎、哑光缎、亮缎、仿真丝软缎都是粗略的说法或者是由此衍生出来的合成纺织物、别名等。

常用的辅料和装饰：

亮色珠片：点点珠片闪烁在蕾丝间，更可增加华美精致的感觉。

刺绣或贴绣：传统格调的常用装饰风格，有助于表现新娘的古典美。

手工饰花：有着活泼自然气息的饰花给婚纱增添一份灵动的特质。

珍珠点缀：简洁的珍珠缀成别致的图案，带有含蓄而优雅的味道。

第二节　寻找自己的专属嫁衣

设计自己的整体风格

1. **展现长处**　在镜中好好端详一下自己，然后再决定自己适合穿什么类型的婚纱。如果你有双美腿，就把裙摆修短一些。

2. **允许有改动**　不要以为试穿第一次就能合身到完美无瑕。不妨请个裁缝或自己动手，你不必因为它的袖子太长或裙边不适合，而放弃一件你中意的婚纱。

3. **合适衬里**　合适的衬裙能使你拥有平滑的外线形。曲线会让你更加诱人，富有魅力。

4. **各种白色**　真正的纯白色会使任何人的肤色显得苍白。象牙色也有其弱点，选择时一定要小心，不要带太多的黄色。

5. **别怕图案**　只要你喜欢，并且选对了尺寸和比例就可以用，哪怕是圆点或横条。

6. **重视附件**　鞋子和首饰必须与整体服饰相配。如果你特别喜欢某一款式，不管是一条项链还是一对手镯，小心不要让它使你的礼服失色。此中秘诀只有一个词：平衡。

7. **过度装饰**　如果你的礼服装饰很多，则头饰最好简单一些。平衡仍是关键之所在。

8. **表现人物**　把重心放在自己身上，而非时尚的礼服。正如有人说："要使自己成为众人的焦点，而不是我的礼服。"

🌹 浪漫梦幻的西式婚纱

西式婚礼和中式婚礼有比较大的区别。首先，婚礼的举办地点是选择在情景优雅的古典教堂里举办。而教堂是一个神圣又庄严的地方，虽说是结婚，但是在婚纱选择上注意要点还是比较多的。

首先，婚纱的选择越正式越好，正式就意味着新娘要抛弃那些性感美艳的婚纱，如露背装、裹胸装的婚纱等，并且胸前一般要严实一点，太过妖艳是对神灵的一种亵渎，并且这种着装也不太适合某事特定的仪式上。

再则，婚纱可以选择较长的拖尾。这是因为教堂一般空间较为宽敞，可以允许拖尾较长，行动比较方便。并且在西式婚礼中也有童男童女牵着拖尾的习惯，看起来更加浪漫庄重。但是需要注意的是进入教堂之前要注意拖尾的清洁及保护，否则比较容易弄脏婚纱。

最后，一定要选择花童。花童的选择可以在自己的亲友中选择，建议年龄不能太小，不然不好掌控局面，人数上可以选择2个或者4个，但是一定需要男女小孩搭配。想想自己跟着音乐的节奏在众多亲友的关注下缓缓走进教堂，是多么的幸福浪漫啊。

🌹 清新淡雅的韩国风

1. 简洁的服装　婚纱宜选择简洁的款式，面料垂感要好一些，并且裙摆表层覆有一层薄纱，这样可令新娘显得更加轻盈柔美。

2. 干净的妆面　妆面不宜过浓。为了凸显皮肤质感，可用珠光粉强调T区和三角区的反光感。粉底要打得轻薄，唇部只涂抹少量唇彩即可。妆面重点在眉部和眼部，应加强对眉毛、眼线和睫毛的修饰。

3. 发型　发型多变，可根据新娘的脸型和整体的搭配来确定发型，但要简洁而不单调，雅致又大气，拥有一定的层次感和线条美。

4. 头饰　较常用的头饰有各类头纱、小巧精致的皇冠、花形发饰、珠串类、水晶类小发夹等。除了头纱，在保存整体发型风格简洁、大气的同时，通过小饰品的点缀来提升发型的层次感、丰富感和时尚感。

个性张扬的民族服饰

说到中式礼服，许多人都会想起旗袍，殊不知，裙褂才是中国传统婚嫁时新娘所穿的礼服。据知，香港女性出嫁时穿裙褂的数目，冠绝全亚洲。随着时代转变，裙褂款式从古雅朴实、宽袍、扣花纽，改良为斜肩、修腰及拉链设计，剪裁更能展示现代女性的体态美。

立领、刺绣、水墨画等传统元素渐渐在婚宴礼服上演绎着新潮中式风，中式晚装、小凤仙等婚宴礼服占据了主导地位。如何淋漓尽致地演绎东方新娘含蓄的妖娆，演绎灵秀婉约的中式情怀？以下的介绍可供参考。

传统图案搭配　中式元素最大的表现还在于中国传统图案的设计。牡丹花、团花、龙凤都是中国最经典的传统图案，用这样图案的面料做成的礼服中国味十足。

小配饰点缀　中式衣裙大多是H形造型，想让自己的礼服有别于其他人，那么就在腰间系一条腰带，可以和裙子本身的面料相同，也可系条皮质腰带。

面料与款式的搭配　中式服装面料多为丝绸和化纤仿丝绸织物、棉等，其中织锦缎的图案有层次、花色多、亮度适中且较为挺括，是做中式礼服的首选。

肤色偏黄的人最好不要选择紫色，用传统的大红会比较好。选择花色时应人与款式相结合，如身材瘦小的人应选小型纹样，反之应选大型图案。

游龙翔凤　以龙凤图案为设计元素，传承经典的中式喜庆福气。立体感极强的龙凤为浮雕成型，中间为双喜，象征美满姻缘，呈现出别样的东方美。

锦绣红烛、叶茂情深　礼服的配饰源于中国传统的婚庆文化，红烛高照寓意姻缘美满，金饰配以红线，喜庆之情溢于言表。而象征永结同心的马蹄莲则彰显纯洁爱意，黄金的高贵气质与大自然点滴的美好元素相呼应，整体风格典雅、脱俗。

🌹 让旗袍为你锦上添花

旗袍，无疑是中华服饰文化的一朵奇葩。有人曾这样评价道："旗袍的风韵是在内敛、含蓄、温柔中展现的：小巧的立领环绕着纤柔的颈项；凹凸有致的流畅线条紧贴着娇俏的身躯；开衩的下摆伴着轻盈的步履款款摇曳，处处显得精致、典雅、温柔、飘逸。"婚礼上，一袭光鲜亮丽的旗袍，百分百会为新娘锦上添花。旗袍千姿百态，总有一款适合你。

1. 旗袍的色彩　大红色：适合年龄稍大的新娘，因为大红色可以显出新娘的稳重大方。玫瑰红：适合年纪较轻的新娘，因为本身皮肤的肤质很好，衬以玫瑰红色，可以使新娘显得青春俏丽。深红色：适合稳重有涵养的知识女性。白色：适合明艳妩媚、姿容大气的新娘，局部可以滚红色的边，或大面积镶银光亮片，会显得雍容华贵。黄色与橘黄色：

是不因循守旧的新娘可考虑使用的颜色。

2. 旗袍的款式与新娘的身材　身材瘦小的新娘从严格意义上说不适合穿旗袍。身材粗大型适合穿x形旗袍，这种款式可以对过于丰满的臀部起到遮掩效果。性格活泼好动型新娘也适合穿x形，这种款式可以使新娘的站立行坐更自如一些。

3. 旗袍的领口与新娘的脸型　气质高雅而脖子较长的新娘非常适合穿高领旗袍。脖子较短的新娘则适合穿无领的旗袍。

4. 旗袍的面料　尽量不考虑人造丝和纯涤面料，因为这两种面料非常容易起静电。春夏秋季节结婚应考虑用清薄的质料比如真丝，颜色也不要太凝重；冬天举办婚礼最好选用织锦缎，这种面料可以衬托婚礼的豪华。

5. 发型与发饰　新娘可以盘头，但也可以考虑不盘头，长发自然垂顺或烫发其实都适合。不管梳什么样的发型，都应考虑用些发饰，发饰的颜色应是旗袍颜色的同类色，这样新娘从整体着装上才会有统一感。头发稀少的新娘应把发型做得夸张一点。

6. 旗袍与鞋子的搭配　尽量不穿黑颜色的鞋子，如果有条件应该穿真丝绣花或丝绒缎面的鞋，其次可以穿红皮鞋，但亮光皮鞋应放在最后考虑。旗袍的长度最好垂至脚面。

7. 旗袍与珠宝配饰　旗袍最适合佩戴的珠宝首饰是耳饰，如珍珠、钻石、红宝石等耳饰都可以成为新娘的明智选择。如果婚礼来宾中有不少外国朋友，可以考虑珍珠和钻石耳饰；如果来宾以长辈为主，可以考虑佩带金饰；如今有条件的女性也非常喜欢翡翠耳饰。脸盘大的新娘适合佩带耳坠，方脸盘的新娘适合佩带有悬垂感的耳钉。

🩵 高贵复古型

复古婚纱一直以来都是新娘婚纱礼服

中最为华丽的经典，让很多新娘爱不释手。这种不规则裙摆的复古婚纱在展现新娘华丽高贵的同时，也能够很好地展现新娘的时尚与个性。不规则的裙摆摆脱了以往婚纱设计的束缚，让整件婚纱变得更加时尚个性，雪纺与薄纱的相互陪衬，让新娘徒生几分飘逸，更添美丽气质。

🌹 性感惊艳型

抹胸式婚纱性感又高贵，收腰的地方设计师缝制了立体感十足的花朵进行修饰。蕾丝下摆上也缝制了同样款式的立体花朵图案，使婚纱体现了很强的整体设计感。蕾丝风格在全身都得以体现，是当今最流行的婚纱款式。

🌹 多彩绝伦型

随着世界潮流的不断改变，婚纱除了纯白、象牙、米黄等传统颜色外，近年也日渐流行整套粉色的婚纱，如粉红、粉橙、粉蓝、粉紫、粉绿及浅银灰色，非常柔和悦目。如果你勇于尝试，将墨绿、枣红、深紫缀于粉色婚纱上，形成色彩浓烈的礼服，效果非常特别，会带来童话般的梦境。

不同颜色的婚纱适合不同的人，下面就来看看这些色系的婚纱所代表的含义吧。

白色系列：依旧经典　白色是一种极其自然、环保而又平和的颜色，是崇尚自

然、柔和安静型新娘的首选颜色。不过，白色的婚纱并非是单调一色，可以分为纯白和奶白两种。其中纯白即象牙白，又分浅象牙色、深象牙色，而奶白即香槟色，又分浅香槟色、深香槟色。选择这一主题的婚纱，可以缀上粉色的丝花、蝴蝶，以增添色彩。

绿色系列：缓解身心　绿色是一种极其浅淡、有冰一样晶莹透彻感的颜色，若隐若现的绿色加上冰莹的感觉，会让新娘如出水芙蓉般水灵。

粉色系列：鲜嫩可爱　粉色一向受年轻女孩们的喜爱，可爱、洋气、活泼的新娘一定不会错过这款。

黄色系列：明丽青春　明亮的黄色适合皮肤白白的你，它可以把你的青春与自信全部展现出来。

蓝色系列：舒适贴身　宁馨、优雅的浅蓝色，烘托新娘的矜持与高贵，是个性浪漫而内心世界丰富的新娘最佳的婚纱色彩。

红色系列：喜气洋洋　中式婚礼上的礼服往往都是鲜艳的红色，如果新娘够前卫，不妨大胆把中国的嫣红和西洋的婚纱来做一次结合。

🌹 时尚另类型

可能在很多女孩子的梦里，婚纱的样子就是拖地的大裙摆，穿上它，犹如仙女下凡，如梦似幻。因此，长婚纱几乎已经成为整个婚纱界的"女王"了。

但夏季新娘们倘若是依旧穿着长款婚纱的话，难免有点热。所以不少新人开始追求短款婚纱的飘逸风格。短款婚纱的灵魂就在于对腰部的设计，在腰间添加别样的装饰品，能够起到展现身材线条的作用，也能够衬托出新娘自身调皮可爱的性格，是很多气质新娘的最佳选择。

短款婚纱的性感设计是很多新娘们看重的原因所在，而短款婚纱在色彩上也有了很大的转变，不再是局限于千篇一律的白色，而是开始结合时尚新元素，选择不同的田园风格或者是森女系风格，打造一种别样而有韵味的感觉，能够将新娘内心的个性张扬释放出来，也能够将婚纱的性感演绎得淋漓尽致。

第三节　天使新娘的最佳搭配

常言道："好马配好鞍"。准新娘即使美若天仙，如果忽视打扮与修饰的完美结合，也会不符合婚礼氛围。因此，从上到下，从手到脚的每一处，及至身体散发的气息，无不体现新娘的品位和气质，每一处细节都不容忽视。

🌀 漂亮头纱挑选全攻略

选择方法一：点缀的要诀　头纱上如果有任何装饰，一定要让它们低调于婚纱上的装饰，这样两者不会互相冲突。

选择方法二：哪一种头纱饰品更闪亮　水晶能反射光芒，莱茵石在快照上可能会是一个个的黑点，并且水晶在相片上也比莱茵石好看。

选择方法三：加不加缎边　薄纱加上缎边后看上去更加清新洁净，但是头纱上的缎边与薄纱的分界线不够适当的话，就会让新娘的身高显得较矮。

选择方法四：色彩禁忌　如果使用妈妈或者外婆曾使用过的头纱，就千万不要给它染色。这类头纱的魅力就在于其独特性，它不需要和婚纱完全配套。

选择方法五：搭配要诀　头纱上的装饰品也不需要和婚纱上的相配套，不管是珍珠、水晶、还是亮片。但是，必须保证它们互相呼应，否则会显得不协调。

选择方法六：婚礼亲吻时是否方便　准备在仪式上戴遮面式的短款头纱，也要保证它的长度可以往后翻到脑后，否则在与新郎亲吻时，会造成不便。

选择方法七：背后的形象　戴上头纱之后，一定要看看背面是什么样子。如果想要秀出婚纱背后，应该选一款非常薄、只有一两层的头纱。

选择方法八：固定的力度　若是准备在仪式后移去头纱，用布搭扣和松紧带把它固定在头饰上，以便拆卸。

选择方法九：行动是否方便　如果准备在整个婚礼中都佩戴着头纱，而它又是超长的曳地式，那么可以试试"多合一"款式。可在曳地式头纱之外再加一层指长式的头纱，这样在宴会中只需佩戴短的那一层即可。

选头纱不可不知的细节

不要以为头纱就是一层简单的纱，其实里面的细节，关系到你的整个婚纱造型。

小配饰物　头纱上搭配小碎钻、水晶、珍珠、珠片或者蕾丝等，不同的配饰能打造出不同的效果：俏皮性感、成熟高贵、温文典雅、纯真可爱，这些要素都要在选择头纱时考虑进去。

特殊缝边　头纱的缝边可以别具特色：无论是无缝边的现代设计，还是加上艳色丝带或蝴蝶缝边，都能给整个造型增添一个亮眼之处。

色彩细节　流行的鲜艳色彩也跳跃于头纱之上。不是说整个头纱都用大红大绿的颜色，但在细节中增加鲜艳的颜色，可以非常出挑，但要配合适当颜色的婚纱。

头纱与头饰、发型的完美搭配

正如挑选婚礼中的任何物品一样，挑选头纱也要和其他部分配合起来，适合的发型加适合的头饰再加上适合的头纱，才是整个头部造型的王道。同时，头部的造型同样要跟婚纱结合起来。

1. 含蓄型新娘　蕾丝长直纱　戴头纱前切记要将碎发梳理好，不要让头发边缘过多地遮挡住脸部。只要使用长头纱简单地铺于头顶的位置，便能拉长新娘的脸型和身型。飘逸的长纱、浪漫的蕾丝，更能承托出新娘含蓄内敛的气质。

2. 可爱型新娘　硬纱　硬纱是比较容易固定造型的一种头纱。可爱型的新娘可以尝试短巧可爱的发髻，并将硬纱多角度展开，个性多端的头纱与干净利落的发髻相互烘托，不仅能营造出活泼自然的效果，更强化了的新娘的甜美、可爱感。

3. 时尚型新娘　镂空短款头纱　时尚的新娘可以选择网眼带亮片的短款头纱。头纱中带有亮片或水晶，不仅修饰了头纱，更修饰了后面的发型。将头纱巧妙的夹成半罩式的面纱，并搭配精致的头饰。这样搭配不仅能起到修饰脸型的效果，也能体现出新娘时尚的气质。

4. 娴静型新娘　细柔软纱　头发整理干净后，将白色柔软的长纱折叠好固定在耳后，头纱褶皱的间隔要均匀。在纱层中间穿插浅色小花，不仅能使头纱具有立体感，也能凸显出新娘温婉娴静的气息。

5. 典雅型新娘　普通软纱　可以先将头发垫高，再将软纱层层堆高，形成如发冠一般的轮廓。也可以在额前上方佩戴一朵相同材质的纱花，多余的头纱自然垂下即可。

6. 端庄型新娘　拖地头纱　超长长度的头纱可谓是最经典、最受欢迎的头纱款式了。拖地长纱是非常隆重的，所以新娘的发型可以相对简单，发型繁复会显得不协调。拖地头纱能将新娘沉稳、端庄的气质烘托到极致。

手套与婚纱的完美组合

美丽的新娘是万众瞩目的焦点。一袭美丽的婚纱，如果缺少了手套总会让人觉得有点遗憾。

婚纱手套的材质范围很广，真丝、绸缎、花边、毛织，甚至皮革都有，婚纱手套可以搭配质感不同的婚纱。一双配衬相宜的手套不仅会使婚纱造型脱颖而出，更能给人一种隆重高贵的感觉，为你的婚礼增色不少。

在款式方面，精致出位的设计，让虽是配角的婚纱手套，散发出不可忽略的光彩，也使整体造型更出众、更有层次，从而创造出不同的婚礼氛围。

下面是手套与婚纱搭配的最基本原则：

短袖的婚纱适合配衬长至手腕的手套；宽肩带的背心婚纱适合搭配手肘长度的手套；没有肩带的婚纱可搭配长至手肘以上的手套。

穿着长袖婚纱时最好避免戴手套，如果一定要戴的话，戴一双短手套即可。如果你嫌自己的手臂太粗，选择手套就要注意，长过手肘的款式并不适合你。太长的手套也不适合娇小或是手较短的新娘。

> 贴士：迎宾、送客及进餐时最好把手套脱下，一是出于方便及礼仪，二是在整个婚礼过程中不用总戴着手套，以免显得单调。

🌀 好鞋子也能让新娘风光无限

婚鞋作为婚礼上不可或缺的一个部分，配合婚纱使新娘在婚礼中显得仪态万千，但婚鞋也是很多准新娘容易忽视的一个地方。作为一个完美新娘，婚鞋的选择大有学问。

重要性　新娘穿的婚纱和礼服一般都会长至脚面，婚鞋不会很显眼，但要做一个完美的新娘，仍然要注意婚鞋，因为很有可能在上下楼梯时、走路时，鞋子就会不经意地露出来。如果在这时被人看到鞋不配衣，那么不管你衣冠打扮如何，整体形象都会大打折扣。

选择方法

鞋跟的高度　挑选新娘鞋的首要原则就是舒适，要根据自己平时穿鞋的习惯选择适当高度的婚鞋，不要因为想让自己穿婚纱的效果更好，而选择太高的鞋跟，这样，在婚礼上你会非常累，甚至出现崴脚的尴尬场面。如果你平时只穿运动鞋，可以考虑挑一双矮跟鞋，婚礼之前再多练习一下。如果没有超高跟的穿着经验，考虑到婚礼当天新娘要长时间站立，跟高选择5~10厘米为宜。类型可以根据新娘对于高跟鞋的适应程度来选择，细跟最能体现女性的性感妩媚；粗跟穿着舒适稳定，体现新娘的端庄美；坡跟则更适合不擅长穿高跟的新娘，能舒适且立竿见影地调整身材比例。

高跟鞋材质 要挑选材料柔软、透气性好的高跟鞋。在鞋的内部最好选择全掌乳胶垫产品，其具有柔软舒适、吸汗快等特点，并且可以防止脚趾打滑，并有减震抗压缓解疲劳的功效。新娘上脚后非常舒适，不会感到累。否则新娘穿着会非常辛苦，舒适度不高会影响新娘的形象和心情。

鞋底的选择，同样考虑到新娘需要长时间站立的因素，在鞋底的选择上可以尽量选择前底防水台的设计，在增加舒适感的同时还能增加高度。

高跟鞋的配饰 为了凸显婚礼的喜庆，适当地在高跟鞋上配上一定的装饰品，将会使新娘整体形象更为夺目璀璨。比如可以挑选鞋表面镶嵌有蕾丝花朵或者金属饰品的产品。但是切记，配饰不要太多、太烦琐，这样反而会使鞋表面太复杂，从而影响整体效果。

可以选择和婚纱有同样细节的款式，例如蝴蝶结、水钻等，尤其是在容易看到的鞋头部分，别致的细节一定能为你的一身装扮加分。

高跟鞋的颜色 新娘可以根据婚纱颜色选择合适颜色的婚鞋。大部分新娘会穿白色的婚纱，或米白、象牙色、浅香槟色为主，这时，挑选白色、金色、银色的婚鞋或水晶婚鞋无疑是最好的搭配。礼服以大红、玫瑰红、酒红、枣红、金色为主，一般浅色、金色、银色婚鞋既可以和婚纱搭配，也可以和礼服搭配，平时穿也比较适合，因此作为上选。如果白色婚纱下穿一双黑色或是红色的鞋子，看起来就显得有点不协调了。如果是红色系列的婚纱，原则上应该选择红色、粉色系列的高跟鞋。但是现在是追求个性的年代，混搭也是一种时尚，在颜色搭配方面有心得的新娘也可以随心而选。

黑色婚鞋 黑色高跟鞋是晚礼服的好搭档，在鞋跟高度选择上，最好是让礼服略微盖过鞋子，露出一点鞋面，会让整个人显得高挑。

白色婚鞋 白色婚鞋搭配白纱礼服，让新娘整体感觉清新纯洁。

高雅缎面白婚鞋 缎面的白色高跟鞋，穿起来很高雅，一点点的绣花使鞋面不会太过朴素，可以搭配蕾丝或绣面的礼服，营造整体感。

传统习俗红婚鞋 中国的传统习俗，新娘要穿带有喜庆寓意的红色婚鞋，绒质高跟鞋是不错的选择，既有华丽感，又可搭配晚礼服。

穿法步骤

在婚礼上，新娘通常都要一个小时接一个小时地站着，千万别让一双把脚穿得胀痛的新娘婚鞋毁了你的婚礼。以下是一个怎样穿新娘鞋的简单方法，可以让新娘婚鞋变得服帖舒适。

第一步 在婚礼前的几周里，穿上自己的婚鞋在家附近不同的地面上走走，别等到最后再穿，因为与鞋子的磨合需要时间。

第二步 模拟典礼，在某处穿着婚鞋站一会儿，看看自己的脚感觉是否舒适，如果觉得不太舒服，那么还需要穿着它继续磨一磨。

第三步 如果计划在婚礼当天穿长袜的话，首先要穿一双类似的长袜，再穿上婚鞋四处踩踩。

第四步 穿上婚鞋在光滑的地面上走一走，看看鞋子底部滑不滑。如果加入了舞蹈班，可以穿上它去上课。如果没有，那就穿着它跳跳舞。保证它们在舞动时合脚，并且不会被你踢出去。

第五步 把防滑垫贴在婚鞋底部，以防在典礼或宴会中摔跤。另一个办法是用砂纸磨鞋底，以增加摩擦力。

挑选婚鞋注意事项

1. 挑选婚鞋也有时间讲究。在一天当中人的脚部在下午3点到6点的时候会略微膨胀，所以最好在这个时间段选购婚鞋。如果这时试穿的婚鞋不觉得小，那么其他时间穿也没有问题。

2. 鞋店内一般都设有试穿鞋子的椅子，但试穿婚鞋时最好站着试穿，因为站立时脚部会比坐着时略微大一点。试穿时不能只穿进去对着镜子看一下就买，一定要来回走几步，细心感觉鞋的稳定性与大小是否合适。

3. 试鞋时可穿干净的丝袜，方便感受鞋子的舒适度，而且方便穿脱。

4. 大部分人的两只脚都不是一样大的，所以在选购婚鞋时最好两只脚都试穿并按照稍微大一点的那只脚选鞋。婚鞋不能单纯根据鞋号去选鞋或托人代买，一定要亲自试穿。

5. 脚随着季节不同也会有热胀冷缩，所以在冬天买夏天的打折鞋时，最好选大一号的尺码。

6. 理想的婚鞋应该是10个脚趾可以在鞋里自由地活动，有舒服的衬垫和适度的内部空间；鞋底面与脚部凹陷处的弧度十分合脚，踝骨与脚尖触不到鞋；前脚要有一定的活动余地。如果用脚尖顶住鞋头时脚后跟与鞋后帮之间还能伸进一个手指的距离，这个尺码刚好合适。

7. 在经济条件许可的范围内，最好选择皮面、皮内里（光滑而没有缝合线）、皮底的全皮鞋。不要选择材质过硬的鞋子，因为真皮透气，吸汗功能和弹性都好，它与你的脚形更能吻合，穿起来更舒服。皮底、皮跟还可减少响声。在选择皮鞋时要检查皮鞋的皮质好坏，重点不在鞋头而在鞋侧两边，选鞋时最好摸两边的皮料，看看厚薄是否均匀。

🌀 创意无限的新娘美甲

有人说：手是人的第二张脸。尤其对准新娘而言，一双纤纤玉手同样能博人眼球。特别是婚礼当天，新娘要从头到脚都美丽，而手，因为要戴婚戒、拿捧花、拍摄婚照特写，就更不能马虎。那么，手部怎样美容呢？美甲等于指甲穿衣服，可以说是手部美容的点睛之笔。下面这些注意事项会给你正确的指引。

注意事项一：先美手 新娘美甲不能仅局限于指甲，美手是第一步。先清洁，用有磨砂效果的产品清洁新娘手部，去角质，注意不要忽略指甲周围的角质。然后是按摩，先软化指甲，再用按摩膏进行按摩，手心的按摩同样不能忽视。最后上膜，一般包括保湿和美白两种，可根据新娘的需求进行选择。

注意事项二：修剪问题 面对那么多的指甲钳，一定要选大小合适的。如果太小，就需要剪好多次才行，这样就可能会使指甲边缘不平整，也会造成指甲开裂的可能。太大的指甲钳虽然可以一刀剪去，但是却可能剪伤指甲边缘，一样不宜使用。一般2次可以剪去指甲的大小的指甲钳是正好的。一方面可以完美指甲的形状，另一个也可让边缘平整光滑。选择产品是关键，砂条又分粗细厚薄，如果是修型的话，可以选择180单位粗细的砂条，如果没有这些参考指标的话，就用手来感觉，太粗糙的砂条虽然磨起来快，但是依然会让边缘不光滑。

另外，千万不要特别修剪指甲两侧。指甲也很"聪明"的，如果你爱把指甲两边修得很圆、往狠里剪，让两侧肉都空空的，那么指甲侦测到这个讯息后，久而久之就会往侧边多长些，容易形成两侧多长出来的一小节指甲，还容易使你的指甲嵌入、发炎。

注意事项三：长度和形状　近两年来都是流行较短的指甲。比较简洁健康，但是毕竟新娘美甲不同于平日的美甲，所以可以适当夸张些。这还是因人而异的，比如有些新娘的手指比较短，那就适合长一点的指甲来造成修长的形状。而关节比较大的手就忌讳长的指甲，看起来会太突兀。新娘美甲到底是用方的还是圆的呢？因为法式美甲的风靡，方圆型的指甲几乎占领了所有的指尖。其实，椭圆形的指甲会让双手看起来修长，依据自己的喜好选择吧，适合你的就是最好的。

注意事项四：底油和抛光　底油的品质比指甲油还重要。如果你一味只追求好甲油，却忘记每次涂抹前用底油，指甲也会越用越泛黄、无光泽，而且选择的底油品质必须上乘，上乘底油中富含的钙、维生素、优质油脂类成分，隔离彩色甲油的同时还有修复指甲的效果。

底油不仅会避免指甲的天然油脂让甲油过早剥落，也会防止有颜色的甲油造成颜色沉淀，以免直接威胁指甲的健康。而且即使不涂指甲油，也可以涂上底油加强指甲的韧性。抛光已经不是新娘美甲的必备步骤了，再加上现在的指甲油都有平整甲面的功能，因此也可以依赖指甲油而不是抛光磨砂棒。

注意事项五：类型选择　新娘水钻甲：用具有奶白颜色的指甲油做基调，每个手指镶有不规则的水钻，表现新娘华贵纯洁的美。把水钻镶嵌在半法式美甲中，隐隐约约地透出一种细节之美，起到画龙点睛的作用，衬托新娘淡雅的气质。

新娘雕花甲：外雕花在整个手指上起到了甲上添花的作用，让新娘享受到细微之处的可爱。内雕花的设计，更能凸现新娘的大气、成熟之美。

新娘彩绘甲：彩绘图案在亮线和钻的陪衬下，流淌出一种成熟的淑女气质，柔和的粉红色能搭配出很多款新娘美甲。

新娘法式甲：最普通也是最经典的法式甲，自然又大方，把新娘的简约气质表现得十分到位。稍加了些点缀的法式甲，更加具有魔幻色彩，突出准新娘的性感魅力。

注意事项六：指甲也会呼吸 总以为指甲油持久不掉色才好，其实，一般的指甲油不但容易挥发出甚至导致不孕的刺激气味，每天覆盖在指甲上也会让指甲不能呼吸，所以专家强调，指甲油停留在指甲上的时间不要超过5天。

> **贴士：**
>
> **1.** 如果是不习惯贴假指甲的新娘，要至少提前半月留长指甲，以便美甲师修型。喜欢在指甲上贴钻的新娘，要尽量选择假指甲，避免用胶粘钻的时候腐蚀指甲。
>
> **2.** 不论是拍婚纱照时还是婚礼当天，都尽量不要选择颜色太炫的指甲，要以配合服装的搭配为主。
>
> **3.** 拍婚纱照时可以选择假指甲。这样在拍近照的时候，手部会漂亮很多。在指甲形状的选择上，新娘一般选椭圆形甲片，让整个手部显得比较修长，突出新娘优雅的气质。

🌹 略用香水更能风迷众人

婚礼当天新娘暗香来袭，这是使用香水的最高境界。那么，新娘怎么搭配妆容和现场气氛巧用香水呢？香水如何使用能让大家对新娘的好感直线上升呢？

要点1：新娘使用的香水必须持久 婚礼是一个美妙的过程，却是一个时间不短的过程，所以香水的持久度要特别注意。具有一定的持久度和穿透力的香水是最好的选择，它能让你在繁忙之时也能时刻保持迷人的香氛，环绕着新娘的香气相信宾客都喜闻乐见吧！

要点2：新娘使用香水的部位 大部分的婚纱都会有裙撑，而且腰部会被紧紧地包裹，想把香水喷在大腿内侧或者脚踝等部位的时候，难度就会很高了，所以建议大家把香水喷在耳后、胸前等部位，以便散发出优雅的气息。

要点3：新娘用香水的同时使用香体露 婚礼会是一个非常繁杂的过程，忙忙碌碌会导致流汗过多，而汗味和香水的味道混杂在一起可不是好闻的。因此使用香体露、止汗露等产品就是很不错的方法，可以避免尴尬的状况出现。

要点4：不要喷香水雨　香水雨是一种喷香水的技巧，就是把香水喷在空中，然后在中间穿行让香水弥漫在身体上，但是由于婚纱大多是白色的，香水直接洒在上面很容易产生香水斑，这样就影响美观了。

要点5：在第一套婚纱前喷香水　很多新娘会在婚礼上换几套不同的衣服。想要保持香氛可以把香水涂抹在身上，建议在换上第一套婚纱之前涂抹香水，如果后续觉得味道变淡，可以再行补涂。

贴士： 香水的正确使用会让新娘好感度上升，但切忌香水香味太过浓烈，不要让从身边走过的宾客不舒服。以下这些香水使用误区新娘要注意：

在婚礼现场，香水味道过于浓烈，会导致宾客嗅觉障碍，反而适得其反。新娘长时间沉浸在浓烈的香气当中，也会通过嗅觉对大脑产生作用，另外也易给人一种孤傲浮华、孤芳自赏的感觉，这在欢乐的婚庆中是不合适的。

香水最好不要洒在易出汗的部位，譬如额头、鞋内、腋下等。因为汗液分泌会将香水冲淡，而且香水的香味和汗味夹杂，味道很怪异难闻。

香水不宜喷洒在毛皮、黄金和珍珠等服饰品上，因为香水会使它们失去天然光泽。不仅在婚庆上气味让人难以接受，还会令造型也大打折扣。

第四节　红花也得绿叶配，伴娘服饰攻略

伴娘是婚礼上不可或缺的一员，一位称职的伴娘，不仅在婚礼上为新娘排忧解难、查漏补缺，而且也要正确地选择好服饰，做到在婚礼当天既要不失礼仪，又不能抢新娘的风头。

服装　作为婚礼的美丽绿叶，怎样更好地衬托红花的靓丽，这点对伴娘来说是一门很深刻的学问，要求伴娘在服装的选择上整体大方得体。抹胸小礼服是一个不错的选择，简洁干净并且非常可爱。颜色的选择也是很重要的，一定要与婚礼的整体感觉相搭配。

鞋子　在婚礼上，可以说伴娘是非常辛苦的，不仅要照顾好新娘，还要兼顾现场的其他情况，这样就一定要选择舒适的鞋子。鞋子的颜色以及款式要与礼服搭配，伴娘作为婚礼的重要人物也要大方得体。

妆容和配饰　伴娘需要画一点淡妆来搭配自己的小礼服，不要画太浓的妆容，妆容的选择要和自己整体的风格搭配。

内衣　应对不同的礼服可以选择不同的内衣。如果是低抹胸或是肩带的礼服可以选择自己平时的内衣。如果是抹胸小礼服的话那么就要准备隐形文胸或是1/2杯的文胸，以防止走光。这样能保证在婚礼上更舒适地参与其中。

伴娘服饰与身材的搭配

1. 身材娇小的伴娘较适合高腰线的剪裁，选择纱质的面料，腰部采用肌理以修饰身材过于单薄提升厚度。

2. 身材匀称的伴娘可以选择随体的设计。可根据脸型选用适合自己的礼服，在款式上对于身材匀称的伴娘来说是不受限制的。

　　3.身材丰满的伴娘：款式要简洁，可以选用A字裙，摆不宜过大。

伴娘服饰与脸型搭配

　　圆脸的伴娘：较适合V字领的礼服，头发中分有拉长脸型的效果。

　　长形脸的伴娘：穿着圆形领和一字为佳，这样可以柔化脸部线条。

　　方形脸的伴娘：穿着圆形领为佳。

　　倒三角脸的伴娘：也比较适合圆领的礼服。

　　鹅蛋脸的伴娘：是最百搭的脸型，适合多种领型，可以根据个人喜好来选择。

第四章　配饰手册

　　婚礼上，新娘是理所当然的中心，是众目睽睽的焦点，满座宾朋对新娘的品头评足在所难免。新娘的一举一动，一颦一笑，乃至穿着打扮等细枝末节都会尽在众人的"法眼"。此时此地，也正是新娘自我展示的绝佳时机和舞台，而配饰恰好能起到烘云托月的作用。因此，本章告诉您的，是如何用搭配得体的配饰，为自己赢得满堂喝彩。

第一节　选购钻戒的基本原则

挑选戒指时要注意什么

戒指是爱的永恒语言，对于即将步入婚姻殿堂的新人来说，拥有一枚代表着永恒爱情的戒指是必不可少的。然而，要挑选到理想的婚戒却不是一件容易的事，那么，在挑选戒指的时候要注意什么呢？

1. 款式　如今的钻石戒指款式多样，造型也各不相同。相信很多新人都已经挑花了眼，怎么才能挑选到适合自己的款式呢？其实，挑选婚戒要以简约耐看为标准，根据自己的气质、日常穿着和手型等多方面来综合考虑，这样才能找到适合自己的戒指。

2. 镶嵌　对于任何追求时尚和美丽的女性来说，拥有一款镶嵌钻石的婚戒是她们关于爱的最美幻想。目前市场上比较流行的钻石戒指镶嵌方法有包镶、爪镶、钉镶和卡镶等，新人在选购前应该细致地了解各种镶嵌手法的优缺点，然后才能买到理想的戒指。

3. 切工　切工是否细致会直接影响到钻石的价值，所以新人们在挑选婚戒时，一定要注意看钻石戒指是否有完美的切工。好的切工应该尽可能地体现钻石的光彩和亮度，并且能够尽量保持原石的重量，所以在选购时一定要挑选切工能够完美展现钻石光彩的戒指。

4. 预算　新人在购买钻石戒指之前，一定要先根据自己的经济情况做一个大致的预算。因为钻石戒指的价格差距很大，越是大品牌、工艺越复杂、钻石品质越高的戒指，价格越是不菲。因此，新人要在一定价格范围内挑选自己心仪的戒指，不要因为一时冲动做出超支的事情。

镶嵌钻戒底托的选择

数千年来，人们一直把黄金当作婚戒底托的主要材料。在通常情况下，底托的材料并不选择24K金，因为足金非常软，容易磨损、折断，宝石镶在上面也容易脱落。所以商场里出售的戒指中，以18K金居多，18K金也称G750，即黄金含量75%，它的硬度更高，能够满足作为底托的使用条件。在欧美国家，最流行的底托甚至是我们国内不屑一顾的14K金，就是因为它的硬度很高。14K金的戒指可以戴50年以上而保持原样，因而西方老年人的结婚纪念日有"金婚"之说。

近年来，铂金作为一种更加贵重、美观的金属异军突起，风靡全球，销量也跃升为第一。而且铂金的硬度也更高，钻石镶在上面不易掉落。人们常说的Pt950、Pt900表示铂金含量95%、90%。

另外，还有两种合金非常流行，即白金和红金。这两种合金都是在黄金的里面添加了少量其他金属，其色泽比黄金更加鲜艳、丰莹、均匀。还有一种花金，即用不同颜色的合金，编织或缠绕成形态各异的花色和图案，既美观大方，又突显个性，极具珍藏价值。

如何区别铂金与白银

一枚小小的钻戒，对于新娘来说是非常幸福的事情，在婚礼进行曲缓缓响起的那一刻，由爱人亲手戴在自己的无名指上，尽情闪烁着耀眼的光芒。当新人在结婚前夕进行结婚钻戒挑选时，如何区分铂金与白银呢？辨别方法都有哪些呢？

比较法 铂金用肉眼看是灰白色的，质地比较坚硬，硬度为4.3。白银用肉眼看，颜色是洁白的，质地比较细腻光润，硬度比铂金要低，为2.7。

辨别印鉴 正规珠宝商场所销售的珠宝戒指，内圈都标有成分印鉴。如果见到Pt，或者见到Platinum、Plat，那就是铂金；如果见到S，或者见到Silver，那就是白银。另外，对铜质镀银符号要注意，它是SF。例如，一枚钻石重0.23ct，铂金成色为Pt900的铂金钻石戒指，其内圈应标有："Pt900、

023"等字样。消费者可根据这些标识，同商品标价签以及检测证书相对照，加以辨别。如果是一枚18K金红宝石戒指，其内圈应标有："18K或750"等字样。

称重量 倘若遇到印鉴模糊，或者印鉴已被截去，便可采用此法。铂金的密度高，比重是21.4千克/米^3，白银的比重是10.49千克/米^3。这样，同一体积的白银重量只有铂金的一半，两者一比较就容易辨别了。

火化辨别 有时遇到材料较少，放在手上重量感觉不明显，同时又没有印鉴，那么只好采用这种方法。铂金加温或火烧，冷却后，颜色是不变的；而白银加温或火烧，冷却后，颜色就呈现润红色或是黑红色。

化学法 将铂金磨在试金石上，用硝酸、盐酸混合液滴几滴，如果磨痕存在，就说明是铂金。至于成色高低，只是颜色上有些差别；如果将此液滴在白银磨痕上，就会溶失。

钻戒佩戴的大小

如何选择戒指

1. 戒指指圈大小的标准，称为手寸。手寸是以号码来表示的，最小手寸是1号，最大27号。大多数女性佩戴10~15号的戒指。

2. 选购戒指时，夏天以戴上戒指后稍紧为宜，冬天则以戴上后可左右转动，但又不脱落为宜。

3. 在戴戒指时，如果觉得太松，可在戒指的指圈内绕上几圈红线或丝线，如果觉得太紧，可以在手指上涂点润肤油或者肥皂液，这样就能顺利地戴上或脱下了。

4. 如果你在家中订制戒指，不清楚自己手寸的号数，可以按照以下测量方法测量出来。

传统的测量方法

1. 找一条细绳或者宽度1厘米左右的纸条，围绕手指的基部。

2. 用一支钢笔在纸条上或者绳子的交叠处，即形成一个圈的地方，做一个标记。

3. 用尺子测量一下从绳子开始一段到做标记位置的长度。

4. 使用这个尺度然后对照下边的图表决定戒指的型号。

戒指号数对照表

指圈	6	7	8	9	10	11	12	13	14	15	16	17	18	19	20	21	22	23	24
直径	14.1	14.4	14.8	15.1	15.4	15.8	16.1	16.5	16.9	17.2	17.6	17.9	18.3	18.6	19	19.2	19.5	19.8	20.2
周长	45	46	47.5	48	50.5	52	53	53.5	55.5	56.5	57	57.5	58	59	61	62	63.5	64	66

如何使您的戒指型号更加确切的建议

1. 如想得到更确切的尺寸，您可以在晚间测量，因为这个时候手指的尺寸最大。

2. 一般戒指戴于食指、中指或无名指上，大部分女性佩戴的戒指号数为10~15号，其中12号、13号的较多；大部分男生佩带的戒指号数为17~22号，其中18~20号的较多。

第二节　选购钻戒的地方

每位新娘手型不同、审美不一，有的新娘讲求美观，有的新娘讲求实惠，这就为结婚钻戒的选购带来很多的差异。而新娘去哪里选购钻戒才比较合适呢？

去哪里选购结婚钻戒比较合适？　这也要视具体情况而定。结婚钻戒是两个人爱情的象征，有着无与伦比的特殊意义。

购买成品：国际珠宝品牌店、百货商场珠宝专柜，品牌珠宝连锁店，传统上挑选钻戒的地方多半是这三种去处。这种方式方便快捷，品质一般都有保证，但往往这类钻戒非常昂贵，尤其是国际知名品牌的珠宝店。而且，由于是连锁店，大部分钻戒都是流水线大量制造的成品，缺乏对个人气质个性的不同展现，与人的情感毫无契合之处，想要找最适合自己的钻戒反而不太容易。

个性定制：新兴的方式是找一家婚戒定制中心，采用个性定制的方式来获得钻戒。与传统快速购买的方式不同，定制需要新人参与到设计钻戒过程中来，以加入自己的想法和需求，因此也需要更多的时间。

第三节　结婚戒指的分类

永不退场的流行——黄金戒指

黄金在中国的传统习俗中充当着喜庆的角色。中国人对黄金有一种难以言喻的情感，每逢喜庆的日子，如寿宴、婚宴等，都喜欢向亲友赠送黄金。人们通常将一段美好的姻缘说成"金玉良缘"，可见黄金在东方的婚礼习俗中代表着的美好寓意。

在喜庆的婚礼上，自然少不了象征着富贵、寓意着吉祥的黄金饰品。婚庆黄金饰品造型所象征的寓意也有所不同，新娘在购买时候可以根据不同的寓意来选择。一般龙、凤款式的金饰是不能错过的款式，它们搭配在一起寓意婚配吉祥。另外花形金饰除展示女性娇贵与妩媚外，更表达新人的美好心愿。如何挑选黄金戒指呢？

人们常见的熟金中的清色金鉴别有口诀，就是：掂重量、看色泽、审音韵、折软硬、用酸点。

1. 由于黄金密度要明显大于铜、银、铅、锌等常见金属，它和同体积的银铜相比，大约重其2倍。如果物品是黄金的话，就有沉甸甸的感觉，这就是人们常说的"金坠手"，反之则轻飘飘的。

2. 黄金是有它独特的金黄色光泽（低成色例外），纯金置于强烈光线下会闪烁着耀眼的光芒，这是其他金属包括铜在内所不具备的。

3. 成色高的黄金，掷于地时的声音无韵、无弹力，而成色低的黄金音质稍亮，而铜制品掷于地时，声音响亮。因此，根据声音可帮助我们将常见金属和黄金区别出来。

4. 黄金具有很好的延展性和硬度小等特点，纯金折而柔软，铜条则折之费力。或用大头针（指甲也可）划之，用力不大而痕迹明显则是黄金，而铜类用力稍大而痕迹稍差。折软硬只适用戒指、金丝之类，对于金条、金币、金砖之类，则较困难。用磨首判断金的真伪也很有效，只是要用被检物不同的方位磨之，如几条磨道颜色明显不同，则可断定其掺假无疑。

5. 还有一种鉴别方法是用酸点。在试金石上分别磨出被鉴定首饰和对牌的金道，用玻璃棒点试硝酸在金道上，因金元素化学性质稳定，不与酸反应，故颜色不变。若非金或非纯金，金道则消失或起变化。变化规律是"三快、三慢"，即成色低的消失快，成色高的消失慢；混金消失快，清金消失慢；大混金消失快，小混金消失慢。视其金道消失情况，比较对照就可确定黄金首饰成色。

🌹 爱情永恒的象征——钻石戒指

代表永恒爱情的结婚钻戒在婚姻当中有着重要地位，钻石戒指因其闪耀华丽的外表以及所包含的美好含义而备受新娘的喜爱。随着人们消费观念及物质生活水平的提高，结婚钻戒早已成为现代婚礼中不可缺少的元素。

当你已经被商店里各式各样的钻戒搞得眼花缭乱，不知道该怎么选择的时候，下面的介绍定会对你有所帮助。

六爪圆钻式：稳定感、最适合欣赏钻石火彩　1886年，单颗钻石的六爪镶嵌法问世了，顿时成为钻石婚戒镶嵌的国际标准。六爪钻戒，在设计时将圆形的钻石镶嵌在铂金戒环上，最大限度地衬托出了钻石，使其光线随着切割面得以全方位折射，尽显钻石的璀璨光华。

方钻式：最能展示钻石台面的质感　相信痴迷时尚的人不会忘记《欲望都市》里Carrie对于方钻的钟爱。方钻婚戒，在她的字典里意味着时尚、奢华、个性、足够震撼。无论是以公主方钻为主的正方形钻石，还是以祖母绿型钻为主的长方形钻石，无一不以绝对宽大的钻石台面而夺人眼球。

四爪圆钻式：灵动、适合与更多镶嵌方式相组合　四爪镶嵌的圆钻继续了六爪圆钻的基本款式，但同时，它不如六爪那样"众星拱月"，相应的也就显得更加活泼灵动。由于四爪镶嵌不像六爪那样强调戒爪的存在感，有时，甚至故意尽量缩小戒爪的尺寸，这样不但让钻石显得更加轻盈，而且能与更多小钻以不同镶嵌方式加以组合。

尖钻式：独特、"锋芒毕露"的强势感　榄尖形、水滴形切割的钻石都属于尖钻式的范畴，这些切割工艺，决定了这种款式的钻石克拉数一定不会小，否则镶嵌时的难度比较大，而且也不容易出效果。独特的钻尖有"锋芒毕露"的观感，因此，尖钻式的戒指非常适合成熟气质的女性，将她们的成熟魅力发挥到极致。而对于太柔弱的女性来说，这种样式或许并不是上选，会有压不住它气场的感觉。

均钻圈式：低调、百搭　或许不是每个人都喜欢"鸽子蛋"，因此，钻戒中最为低调的均钻圈式就一直为他们而存在并长盛不衰着。这种戒指不以任何一颗钻石为主，强调小颗粒钻石的均衡性，以星光般的小钻点缀整枚戒指，熠熠生彩却并不张扬。日常佩戴时不会显得突兀，盛装时也能和其他钻饰搭配，可谓百搭高手。

矜贵典雅的气质——珍珠戒指

珍珠戒指品质价值评定由五方面来决定，分别是珍珠颜色、光泽、形状、表面瑕疵、大小。

颜色　珍珠的颜色一般为不透明色。具有代表性的颜色有白色、奶油色、黄色、粉红色、银色或黑色。一颗珍珠也可以有少许的次色或者说反射的色彩，也就是光射在珍珠表面上反射生成的色彩。例如，一串珍珠可能看起来是白色，但是当我们近距离观察时，有可能出现粉红色的折光。

光泽　珍珠能够产生出一种强烈的、深浓的光亮，谓之光泽。这种是由于光线射在有许多碳酸钙形成的珍珠表面反射生成的，这种物质叫作珍珠层。挑选珍珠时，珍珠颗粒越大，珍珠层越多，也就能放出更多的光彩。拿一颗5毫米的淡水族人工培植的珍珠和一颗10毫米的南洋族珍珠相比较，珍珠层数目明显是不同的。由于大小不一样，珍珠的色彩显然也不一样。

形状　外形不圆或者不对称的珍珠被人们认为是低质珍珠。欧卡娅、塔希提、南洋族倾向于圆形珍珠，而淡水族则倾向于椭圆形或次圆形珍珠。

表面瑕疵　由于珍珠是由牡蛎培植出来的，故珍珠层不会总是黏附的那么光滑，有时在珍珠层的形成中会出现斑点和泡状物。表面最光滑的珍珠是最优质、最受欢迎的珍珠。

大小　珍珠戒指的大小通常取决于珍珠的类型。淡水族珍珠系列型号大约为3~8毫米不等，欧卡娅系列则为6~9毫米，南洋族和塔希提系列则达至8~16毫米。

怎样鉴别珍珠戒指呢？

1. **磨擦**　两颗纯珍珠互相轻轻磨擦，会有粗糙的感觉，而假珍珠则产生滑动感觉。

2. **钻孔**　观察钻孔是否鲜明清晰，假珠的钻孔有颜料积聚。

3. **颜色**　每一颗珍珠的颜色都略有不同，除了本身色彩之外还带有伴色，但假珠每一颗的颜色都相同，而且只有本色，没有伴色。

4、**冰凉感**　珍珠放在手上有冰凉的感觉，假珠则没有。

🌹 别具一格的私有——定制戒指

所谓私人定制，都是单独为你而设计和生产的物品，有着浓浓的个性信息。私人定制的方式取决于客户的不同需求：如果你有一块宝石，需要单独为这块宝石做个设计，制作成珠宝首饰来收藏、佩戴或赠予他人，那么，这叫来石定制。需要提交详细的宝石信息和图片，因为是针对这颗宝石进行的设计，就要有这颗宝石的全方位信息；如果您有一张图片，想拥有一款跟图片一样的珠宝首饰，可以把清晰的图片发给制作方，再把具体的需求提出，制作方可以快速地按需求设计出款式。待客户确定后，即可生产，这就是来图定制。如果既没有宝石，也没有图片，只是一个需求，一个想法，没有关系，制作方一样可以设计出你想要的款式，这是按意图定制。你只要将需求明确化，发给制作方，就OK了。

如何定制情侣对戒

情侣对戒是表达爱情最好的方式。那么如何定制情侣对戒？定制情侣对戒需要注意哪些事项呢？

情侣对戒选购的时候首先要想到一种合适的方式，现在的定制的方式有很多，不论是哪一种方式都需要货比三家。商家很多，选择的空间也是很大，这样一来在定制的时候要多做比较才是必胜法宝，而划算的情侣钻戒定做也会变得比较容易。

现在市面上的情侣对戒款式琳琅满目，但大体上可以分为简约和豪华两类。定制时如想遵循物美价廉的选购原则，在款式的选择上应尽量挑选简约款式，如镶小钻甚至不镶钻的素金款式，豪华款式如群镶碎钻款式或镶嵌单颗大钻的款式，价格会比简约的款式昂贵不少。

虽然现在在不少人眼里铂金的情侣钻戒定做比较时尚，但是从实用的角度来考虑的话，在定制的时候，18k金才是比较的合理的。所谓18k金戒指其实就是75%的黄金和其他金属的合金，而这种贵金属在定制的时候不仅仅是硬度比较符合标准，还有就是在色泽上也有更多选择，如黄金、玫瑰金、白金等。

 贴士：定制情侣对戒讲究的是个性，当然前提是要注意预算，不要让购买情侣对戒的支出影响了日常生活。

第四节　戒指和手型及其他的搭配

选择戒指一定要充分考虑是否与手型搭配得当。又细又长的手指是最让人羡慕的手型，因为戴何种款式的戒指都漂亮，尤其是较大的钻石或者其他珠宝戒指，能将你的手指衬托得更加秀美。然而，短而扁平的手指，戒指上的宝石就要选择纵向长于横向的，比如蛋形的戒指面，这样会增强手指的细长感。

戒指虽小却别致、高贵，佩戴时应把握以下几条准则：

与手型搭配　人的手就其形状而言，有大小、胖瘦、粗细、长短之分；就其肤色而言，有白、黄、黑、红之分。手的自然特征决定了和哪种戒指相配最为得当。

1. 手指长而纤细且白皙细嫩型：这是佩戴戒指的最佳手型，任何色彩、任何款式的戒指在这种手指上都会熠熠生辉。精巧的戒指，可为纤纤细指平添风采；如果戴上粗线条的戒指，会使手指在戒指的对比衬托之下显得秀气和美丽。

2. 手掌和手指粗大型：在选择和佩戴戒指时，应该避免用细小而精致的戒指。因为粗大的手与精细的戒指形成反差，会使手更显粗大，戒指显小。但是，也不适合佩戴过大的戒指，因为大手大戒指，会使人感到笨拙。可以选择中等大小的戒指，最好是嵌宝戒、钻戒或者是玉戒。

3. 手掌和手指都偏小型：此型不太适合佩戴大戒指，比如粗犷风格戒指、镶嵌整粒大宝石的戒指等。大而饱满的戒指会使手显得很小，如果佩戴造型精巧的戒指，如小的镶宝戒指会映衬手型的细巧，显得手指秀丽可爱。手型小的人最好不要戴两个以上的戒指。

4. 指关节明显型：关节明显的最好佩戴造型不规则的戒指，如V字形戒指的尖端指向掌心，利用视觉导向而使手指增长。手指粗短的人不要戴镶宝石戒指、方戒、圆戒，应该佩戴线条流畅的线戒。

与肤色搭配　戒指与肤色协调是很重要的。一般说来，白皮肤的人适合范围较广，尤其色彩明亮的彩宝戒指，如石榴石、红碧玺、紫晶、蓝托帕石等是最适合的选择；皮肤色深的人适合佩戴华丽的或有粗犷风格的彩宝戒指，最好避免珍珠、钻石、芙蓉石等浅色系戒指，因为过于强烈的对比，会使皮肤显得更加黝黑。

与指甲油颜色搭配　佩戴镶彩色宝石的戒指，指甲油的颜色要慎重选择。最好用接近肤色的指甲油，大部分宝石戒都能与之搭配协调；红色系的鲜艳指甲油要配合红色系宝石、翡翠等色彩强烈的戒指；浅色系宝石戒指适合浅粉色调的指甲油色；而粉红色系列的指甲油只适合红色系宝石戒指，绝不适合蓝色、绿色系等色系宝石戒指。

与服饰搭配　如果穿上红色服装，也许你会马上想到搭配红色系宝石戒指，但事实上两者不仅不配，反而会显得俗不可耐，还不如选用浅蓝宝石。此外，黄色系宝石戒指也与红色衣服相冲突，看起来脏兮兮的，一定要避免；绿色衣服上配绿宝石戒指常常使人觉得太个性化，倒不如选用同色系但浓淡有异的橄榄石戒指比较可爱。此外，黄玉、翡翠也能和绿色衣服搭配自然。

搭配戒指还要注意与手链、手表、长袖衫的袖口颜色相协调。戒指与手链在造型上应直线配直线、曲线配曲线。如果戒指的材质属性可以和手表搭配，那将非常理想。如果你并没有太多可以变换的表或戒指时，不妨考虑一只手戴戒指，一只手戴表，不要让不协调出现在同一只手上。

第五节　项链与配饰：画龙点睛之笔

项链的款式和种类

项链的种类名目很多，从所用材料来分有金银项链，珠宝项链和仿金项链三大类。

金银项链　历史悠久，是项链中的主要品种，现在常见的金项链有24K、18K、14K三种。银项链有92.5%成色银和银质镀金两种。金银项链有以下几种主要款式：

1. 方丝链：是目前市场上最畅销的品种之一，其直径较细，所以比较适宜脖子细长的人佩戴，装饰效果纤细柔美，小巧玲珑，有18K和24K两种，令戴者风姿绰约，惹人喜爱。

2. 马鞭链：马鞭链较显粗壮结实，对年龄大的人更为适宜，主要是24K金。

3. 双套链、三套链：这些都属于加工工艺复杂的项链，其特点是立体感强，雅致美观，年轻女性佩戴可倍添姿色。

珠宝项链　装饰效果强烈，更富有色彩变化。尤被中青年女性所喜欢。

仿金项链　不仅款式多、造型新，而且价格适中，颇受男女青年喜欢。

挂件　作为项链的组成部分，由金银、珠宝、宝石相配等不同材料制作，年轻人以活泼、灵巧为宜，如鸡心琐片、鸡心照合及抽象的几何图形挂件。

新娘选择项链准则

选择结婚项链时应该根据新娘的婚纱、妆容、脸型、肤色等来进行合理搭配。新娘妆是非常有讲究的，新娘在选择了化妆师并且沟通好应该如何化妆的时候，就要根据具体的妆容来挑选合适的项链进行搭配。这样，在整体上项链就能起到画龙点睛的作用。选择项链要注意以下几个方面：

1. **留意珠宝的颜色**　选取象牙、珍珠项链会显得和谐、娴静，而选取五彩缤纷的珠宝项链则会显得神采飞扬、与众不同。

2. **多多试戴**　新娘以选择质地色泽好、样式新奇的款式为佳，然而为了显得庄重文雅，也不能挑选太过夸张的样式，应当多多试戴，选择可以和自己完美搭配的样式，而不能为了寻求时尚，挑选时兴而不符合自己的样式。

3. **检验项链品质**　在选购项链时，须试戴一下，检验链的圆弧是否合适，如链节之间出现弯曲，佩戴时就会觉得不舒服。告诉你一个小办法：把项链拉直，用一只手拎起一端，轻轻摆动，尔后用另一只手提起项链的另一端，待其在空中不再动摇，看看是否呈麻花状绞起来，有无显著的接头，如呈平坦形势即为理想的项链。

新娘如何根据颈型、脸型选择项链

1. **颈型**　如果项链选配合理，则对脖颈的长短粗细可起到改变和协调的作用。

细长颈：细长颈的人宜选择那些有横纹、较粗、颗粒大而短的项链，使其在脖子上占据显眼的位置，在视觉上能削减脖子的长度。

短肥颈：宜佩颗粒小而较长的项链或V字形的项链。因为直的线条可将观者的视线由上往下引，这样就可增加颈部的修长感。

2. **脸型**　不同脸型的人应该配戴不同的项链。所以新娘一定要佩戴适合自己脸型的项链。

尖脸型：对于尖形脸的人来说，V字形的项链，重复你面型的尖线条，不宜选用。短的项链及横的条纹可以使你的脸部线条柔和，而胸针宜放在一边，如果胸针放在正中间只会令你的脸型看起来更尖而太多角。

圆脸型：你宜佩戴长一些的项链，例如用中型大小的珍珠制成的长项链，可以使脸型看起来长一些。你还可以试着在项链的下面加上吊坠或打一个结，效果可能更好。胸针也宜夹在面下的正中，也会有增强面部长度的作用。

椭圆脸型：椭圆形脸符合传统的审美标准。这种脸型在首饰的佩戴上，几乎各种款式都能与之相配。而如果是长椭圆形脸，则可以考虑用短的项链来协调。

卵圆脸型：基本上不受限制，适合任何形状的项链，只需注意与衣服的质地、样式相配就可以了。

菱形脸型：与卵圆形相似，但是棱角更分明一些，可以佩戴任何形状的项链，只要和新娘的体型相符就行。

心形脸型：戴粗项链也很好看，也可以选择珍珠项链。

三角脸型：与心形脸相似，但棱角更分明。可以选择比较惹眼的项链或者选择线条柔和的项链来弱化脸部棱角。带吊坠的项链不太适合。

方脸型：方形脸的人，戴V字形的项链加上吊坠，中至长的项链都可以让脸型看起来比较修长。胸针宜放在颈部正中间，做成另一V字形的线条，增加柔和的感觉。

长方脸型：需要加宽的感觉，所以戴短项链最合适。

新娘如何根据肤色选择项链

皮肤较白的新娘选择面比较广，但是一些皮肤较黑的新娘，则应尽量选择一些以珍珠为材质的结婚项链比较合适，因为珍珠的高贵气息能够很大程度上的遮盖新娘肤色的不足，所以珍珠项链是这些新娘的不二之选。

新娘如何选择项链搭配礼服

新娘的婚纱礼服少不了项链的搭配，而项链作为常用首饰的一种，在各个场合都可以佩戴。项链的种类繁多，造型丰富，具有较强的装饰性，对于各类项链进行恰当的佩戴能够起到扬长避短的修饰作用。在佩戴项链时，新娘需要知道项链的一些搭配技巧。

在婚礼婚宴上，美丽动人的新娘可谓是万众瞩目的焦点，根据身材、肤色、体型所选择的婚纱礼服应与佩戴的项链取得和谐与呼应。如：当身着柔软、飘逸的丝绸衣裙时，佩戴精致、细巧的项链，看上去会更加动人，而新娘礼服大多属于丝绸等轻软的面料。

礼服衣领的形状也与项链的佩戴有关系。

圆领：当穿圆领的礼服时，应选择与领口线平行的项链。这样的风格整齐划一，闪闪发光的项链会更加引人注目。而如果项链过长，被礼服遮住了，就会失去原有的效果。

小翻领：穿小翻领礼服佩戴项链应有一定比例，太短的项链，堆积在领口，让人感到复杂拥挤；太长的项链会被遮住，所以项链的长度以垂至衣领开口的中间部位为宜。

V字领：V字领开得较大，在开口处可以进行多种搭配，但项链不宜过长，以垂至V字领口的中间部位为最合适。

开口方领：领口开度较大，裸露的肌肤较多，宜选择有一定分量的项链，使之相互平衡。如果选用过细的项链，质感不足，领部会显得空荡。

🌹 婚礼配饰为新娘增光添彩

时尚的配饰会使新娘在婚礼当天增加不少的魅力。那么，婚礼配饰该如何选择，又如何搭配呢？

1. 手镯和手腕　手腕较粗的准新娘适合佩戴宽而且松的手镯或者是手链，如果戴又细又紧的手镯，紧紧地箍在手腕上，反而显得手腕更粗。

手腕纤细的准新娘自然是戴什么都漂亮，如果手腕过细的话，就要选择比较窄的手镯，手腕会显得丰满一些。

2. 胸饰（胸花、胸针）　注意不要佩戴过于繁复的胸饰，否则会喧宾夺主而掩盖了婚纱礼服的美丽。胸饰佩戴的位置较高，可以增加身体的修长感。

3. 手袋　精巧的手袋可为你的婚纱增添姿彩，但是要注意尽量不要与婚纱有色差。选择一个精致的手袋，里面装上必要的化妆品，或者针线盒，如果妆容甚至是礼服出现"意外"，你就有工具及时弥补了。

根据发型挑选配饰

有些新娘对配饰没有婚纱那么重视，觉得配饰可有可无。但事实是：一个配饰如果用得恰到好处，完全可以起到画龙点睛的作用，所以配饰是新娘必不可少的。除了可以根据自己的脸型、肤色以及妆容来选择配饰，发型也是考虑的重要因素。

现在的新娘发型已不再是一律的晚妆头，从佩戴耳环和项链的角度来说，有掩耳式发型、露耳式发型、短发型、长发型。

1. 掩耳式发型：适合佩戴荡环。可选择只露出一边耳垂，佩戴大而短的荡环，刚好与另一边秀发对称。新娘也可选择短而细的项链，与浓发互相反衬。

2. 露耳式发型：适合插环和荡环。大颗粒耳插较适合下半部脸较丰满的新娘；厚发的新娘还是选择荡环较好，头发薄的新娘应选择小而轻盈的耳饰。

3. 短发型：适合选择略长而粗的项链。薄发新娘宜戴镶钻项链；厚发新娘可戴稍粗的宝石花式链。

4. 长发型：适合细而短的项链，如二锉链、方丝链、S链、双套链、宝石花式链等。

脸型与耳环的搭配

选择适合脸型的耳环可以让新娘更漂亮。

1. 卵圆形脸佩带任何形状的耳环效果都不错，但是要注意耳环的大小要与新娘的整体感觉相符，要看她是属于身材娇小还是身材比较高大。由于卵圆形脸轮廓比较柔和，所以选择相似的形状的耳环，如珍珠、水滴形、圆圈状或卵形的耳环最为合适。

2. 圆形脸可以通过耳环来达到拉长的效果，水滴形的耳环线条轮廓柔和，而且形状很适合圆形脸的人。

3. 椭圆形脸的人最好用耳钉，这样可以横向吸引人的目光，达到最佳效果。

4. 心形脸可以选择下端宽，上端窄的耳环，用来平衡窄下巴的视觉效果。像水滴形、三角形或耳钉都不错。

5. 菱形脸的人可以参照卵圆形的原则来选择耳环，但是这种脸型也适合那种变幻多姿的、棱角分明的耳环，所以线条分明的水晶耳环配菱形脸的效果也非常好。

6. 水滴形耳环可以拉长正方形脸，是其最佳选择。

7. 对于长方形脸的人来说，还是戴耳钉比较合适。

8. 三角形脸的人选择耳环的原则与心形脸的原则相似，但是耳环需要有更明显的棱角，耳环下端要比上端宽。

第五章　健康手册

　　从待字闺中到新婚燕尔，从准新娘到初为人妻，伴随着这一华丽转身，新娘的心理变化在所难免。因此，心理调适需要跟进。同时，还需要了解的是，如何才能尽享鱼水之欢而达至"性福"。或许，夫妻双方都暂时不想孕育，那还要掌握必要的措施。本章讲述的，相信正是您所需要的。

第一节　准新娘的心理变化

根据两性关系专家的分析，由两情相悦到海誓山盟再到正式订婚，准新娘心理上一般都要经历五个阶段。可以说，订婚也是一种危机意识，当事人的内心翻江倒海。有些女孩一天之内就可能经历完这五个阶段，另一些女孩则需要较长一段时间。

第一阶段：兴高采烈　一只脚是男人，一只脚是女人，马上会有一双鞋将你们连为相似却不相同的一对，两人的生活从此将紧紧地联系在一起。甜蜜的感觉仿佛再一次坠入爱河。此时，两人在心理和生理上都容易产生一种被夸大了的归属感。

第二阶段：恐慌　紧接着进入准备阶段，快乐渐渐在空气中蒸发，开始直面现实：身边的他是我的保护伞吗？我真愿意做他的新娘吗？从此就要打扮得像人妇吗？跟这个熟悉又有点陌生的他真能融洽吗？此生将与一个男人相厮守，这种想法本身就足以让你感到恐惧。自由的日子已经屈指可数，你和单身好友们的距离突然之间拉远了，你对无忧无虑的单身生活产生了一种莫可名状的怀念，酸甜交织。

第三阶段：抗拒　订婚都几个月了，什么都还没搞定，你急得像热锅上的蚂蚁。他却对婚礼似乎不怎么关心，照样跟"狐朋狗友"们打得火热。于是，你把他的这种异常反应诠释为——"他不再爱我了！"

请先放松！在这所谓的抗拒阶段，即使最安全的准新娘也会产生一种"被遗弃"感。那么，底线呢？大多数男孩觉得筹划婚礼是件非常烦琐的事，懒得介入太多。他宁愿跟自己的好哥们泡在一起，也不要跟你去品尝婚礼蛋糕……面对男友类似的"恶劣表现"，新娘不该郁闷，更不要去胡思乱想，妄加猜测。

第四阶段：置疑　婚礼一天天逼近，"婚姻白日梦"让你的神经越发脆弱。你的白马王子晚上蜷在沙发里，紧握遥控器，换频道比眨眼还快。一大早懒洋洋起来了，把空香波瓶、脏毛巾乱扔一气。可恶之极！"难道这是我要找的灵魂伴侣吗？"你开始怀疑自己的选择。

第五阶段：皆大欢喜　最终，产生置疑的新娘让位于新的希望，内心再次充满期望。兴高采烈，而且只有这一次，是伴随决心和平静的兴高采烈。你已经接受了他的"古怪"和"反常"，记起他对你的种种好，你有千万个爱他的理由，开始接受牺牲自由身的残酷现实。事实上，你喜欢上了与某男牵手并共度此生的想法，而且是"他"，不是别人，正是那个你深爱着的人。

女人结婚前要做好6个心理准备

即将嫁为人妇，除了对未来生活的憧憬，每一个女孩子的心理多多少少都有些恐慌，不管是怕是喜，都基于对未来美好生活的向往。婚礼很短，婚姻很长，幸福牵绊，冷暖自知。所以，你要问问自己：结婚，我准备好了吗？

1. 结婚的理由　男大当婚女大当嫁，这个理由貌似有理，实则很可怕，说明你在为结婚而结婚。如果你恨嫁，幻想婚姻能解决你单身的孤独和寂寞。那么，你就大错而特错了。我们结婚，一定是因为我们相爱，我们愿意携手走过一生。

2. 婚姻在于奉献　婚姻很多时候都是奉献和宽容，在结婚前，我们一定要问自己，我愿意为他奉献吗？只有确定答案为肯定，才能确定自己可以走入婚姻殿堂。

3. 婚礼并非最大　不可否认，每个女人都为婚礼痴迷，每个女孩还是小女孩的时候就渴望披上婚纱，与自己爱的人，在众人的羡慕目光和祝福中，做一次骄傲美丽的新娘。但是，如果你把所有的心思都放在制造婚礼的无限完美性而忽略了婚姻本身，说明你是无备而婚。

4. 婚姻的内涵　单一的爱情并不等于全部的婚姻，婚姻绝不是两个人有爱就能成功。接受相互的家庭并尽相应的责任，接受他的工作，接受他的贫富。很多实际的问题，如果不能统一的话，都会在婚后日常的相处中时不时冒出来折磨你们一下，所以有必要在戴上钻戒之前约定一下。

5. 结婚意味着接受　如果你还在为他的前女友而纠结，还在耿耿于怀他的某次说谎，还在某些细节上存有误会，还在衡量他的家庭条件，那么你们的恋爱还需要继续酝酿，不必急着结婚。

6. 健康成熟的心理　拥有完美和幸福的婚姻，两个人必须心智成熟、积极乐观，并且彼此忠诚，注重自我更能为爱人和家庭奉献。

准新娘心理调适

爱侣求婚的那一刻，你的心情恐怕会是既惊且喜，但你又是否知道，答应婚事后，你需要面对的远不止是一个接一个的派对，或者忙碌的筹备工作，你将碰到一连串出乎意料的事情……

友情变质　结婚计划可能令友情变质，当你宣布婚讯后，与以往挚友的关系可能开始有变。原因是以往你们每周聚会一次，但自从你忙于筹备婚事以来，根本无暇如常与大家见面，以致招来不满。无可否认，你的婚讯可能令仍然单身的朋友感到受了冷落，因此你有必要向他们保证，你将一如往常地关怀她们。与此同时，尽量抽时间与她们见面，在适当情况下，请她们在此非常时期内扶持和体谅你。

烦言烦语　当你宣布婚讯后，那些平日里只是泛泛之交的女友可能会向你提出各式各样的私人问题。那时候，你面对别人毫无顾忌地大小问题，感觉就像与爱侣之间的关系，忽然被众目睽睽地监视着。

对此，专家的忠告是：不要在意那些难堪的问题，当别人多管闲事地询问你婚后生活的改变时，应以礼貌但含糊的言辞作答，例如"我还没空想这个问题"。当然，如果提问者已经结婚，那不妨反问她当年的状况如何。由于已婚女性爱发表意见，因此，这正是你摆脱众人目光的大好时机。

忐忑不安　当你答应男友的求婚后，最初的情绪会相当高涨，但随之而来的感觉也许却是忐忑不安。你可能认为，谈婚论嫁令人自觉长大成人，但你尚未做好准备。无论你事前多么渴望收到结婚戒指，答应求婚的那一刻往往不如想象中雀跃，相反恐惧情绪将突然涌现：他是否真是我的真命天子？我们是否太仓促？婚后我还能像现在这样甜蜜吗？

为区别何谓正常的紧张情绪，何谓可能导致日后婚姻破裂的隐患，准新娘应扪心自问：我是为了婚礼而紧张吗？抑或担心要与此人共度余生？如果纯粹担心筹备婚礼的事，或者不知能否与男方家人和谐相处，问题应不至于解决不了。

总之，结婚毕竟是人生大事，婚前感到不安甚至恐慌都是正常的，何况一般准新娘以往从无类似的经验，不要担心，顺其自然，一切都会随着时间平静下来。

第二节　了解身体的"性"福区

性学家研究表明，女人身上的性敏感带达50多处，而男人只有20多处。以下将为你介绍14处对于性爱最为重要的敏感区。

1. 秀发以及头皮：触电的开始　许多女人说，当男人的手指不经意间轻拂过她们的长发，停留在头皮的一瞬间，她们体验到很多心醉的感觉。头，是灵魂之地，也是理智之地。爱人轻拂过头皮之时，犹如对你的心神进行了一次短暂的催眠，那一刻，你感觉到无比的放松。

让他知道：头皮是个非常敏感的部位，按摩治疗专家声称："把你的手指缠绕进她的头发，用你的指尖和指腹来接触她的头皮，有规律有力度地按摩，环绕着头皮进行，这样做也许会使她脊椎神经颤抖！"也可以抚触、亲吻发丝，甚至将头埋入，呼吸她的味道。在他抚触按摩头皮的过程中，会让你感觉到深深被接纳，放松和安心，拉近彼此之间的距离，难怪女人常常用各种美丽的发型来吸引男人。

2. 耳朵：欲望发动区　英国曼彻斯特大学的Neilltodd教授发现大噪声和性之间有着一种奇妙的生理联系，这主要归结于我们耳朵里一个叫作Sacculus的部位，摇滚音乐会、跳舞俱乐部、云霄飞车等活动都会刺激这个区域，并直接对人的身体内部造成一种需要被释放的性压力。难怪在Disco俱乐部里，常常会随着音乐有一种谈恋爱的幻觉。这个部位控制着你的食欲与性欲，换句话说，这个部位受到的刺激越大，欲望就越强烈(当然也需要控制在一定范围内，而且每个人的Sacculus部位对声音的感受能力也有差异，会随着个性不同而变化)。甚至做爱时的呻吟如果达到90分贝，这个部位就会起反应，感觉到更多的欲求。难怪男人和女人都喜欢听到呻吟声，因为那够刺激性感。

让他知道：当你还不确定是否想要时，他亲吻这个部位能够让你迅速兴奋起来。让他先凑近你的耳朵情意绵绵地低语，再轻抚你的耳际，然后轻舔、吹气，再加以亲吻、吸吮，甚至可以将舌头伸入你的耳洞内，绝对会令女性从心底传来一股颤抖。让他偶尔带你去一些音乐会或者Disco，在音乐中，你会变得迅速热辣起来。

3. 眼皮：轻盈地问候　早在20世纪50年代的研究已发现：眼皮——尤其是下眼皮是非常敏感的部位。在一份研究报告里，把眼皮与阴茎、阴蒂和乳头相提并论，认为它们都属于身体最敏感的部位之一。

让他知道：你们清晨起床之前，他亲吻你的眼皮，会让你感到一种别样的刺激和快乐。也可以是他在平日里给你的惊喜，让你把眼睛闭上，舔你的眼皮，先从中间开始，然后再向两边一直舔下去，小心不要让牙齿磕碰到皮肤。如果不想让他吞咽太多眼影或化妆品，可以事先来一次清洁前奏！

4. 嘴唇：法式温柔　这个部位的敏感性不言而喻。接吻的方式很多，简单来说有两类接吻，第一种是温柔的吻，第二种则是坚定而有压力的深吻。

让他知道：让他从第一种吻开始试探，先闭着双唇，蹭着接触你的嘴唇，当你开始有反应的时候让他加大压力，最后再进入法式吻的深层状态。另外，除了亲吻之外，用舌头舔舐、用指尖轻轻抚摸，或是将手指头伸入你的口中都是不错的，当然要保证手的清洁。吻的时候不要说话，双眼最好闭上。

5.颈部：偷袭之地　头和身体的连接处，也是女人很敏感的地方。许多女人喜欢穿露颈和V领的衣服，就是为了让男人能够刺激到这个部位。研究表明，耳朵以下到锁骨的那两侧非常敏感，很多女人因为男人对这儿的亲吻而感觉酥麻和销魂。另外，后颈的倒三角区域也不错。

让他知道：他在亲吻了你的耳际之后，不妨向下延伸，从颈项到锁骨，或者后颈区。他可以亲吻、舔或是以鼻子轻抚摩擦，甚至用牙轻咬。

6. 腰部：妖娆风姿　让他尝试一边把手放在你的腰上抚摸，一边去拥吻你，收效甚佳。对一些女人说，当她们采取女上位时，如果爱人用手抚摸挤压她们的腰部两侧，她们会有一种亢奋感。

7. **臀部：男人最爱** 更多的男人喜欢女人的臀部敏感区。可能臀部是女人身上最具动物性的部分，紧临婴儿的降生之地，饱满的臀部亦被视为女性生殖力旺盛的标志。他可以通过轻拍、轻咬、抚摸等多种方式刺激，这些都是前戏的很好方式。

8. **背部：S动情区** 女人背部的S区是最情色的部位，那儿密布着反射神经。很多女人描述她们做爱时，男人对背部的刺激，让她们终生难忘。他可以通过精油来爱抚，也可以用舌头、嘴唇在你背上探索。电影《枕边禁书》很直接地表达了爱人之间互相通过写字来刺激背部敏感神经的方式，不妨借鉴。

9. **手腕关节内侧：点燃情绪的迷香** 这是你擦香水的地方，可是你有没有想到，这块部位是动脉跳动的地方，亦是人的敏感区。如果他去轻轻触碰，或者也用自己的手腕关节处去摩擦，那种感觉很新奇。

10. **掌心：最深情的问候** 如果男人手持女人的手，然后深情地抚摸并且用唇亲吻她的掌心部位，这是一种让女人动情地表示。亲密的时候，他可以捏着你的小手，在掌心抚摩或者放在手中亲吻，你会感受到他对自己的珍视、在意。

11. **足心：古典性敏感部位** 记得《倚天屠龙记》里，张无忌抚摸了赵敏的脚，赵敏从那一刻起，便爱上了张无忌。从中医学上讲，脚部穴位与人体的各个器官都有联系。且脚是敏感部位，轻轻揉搓时，会产生酥痒的感觉。如果要要在人体上寻找性崇拜的替代品，双脚自然是最适合的候选者。男人轻抚女人的脚心，或者稍微做一点按摩，肯定让她心神摇曳，且可以促进高潮的来临。

12. **乳房：欲望引爆点** 很多女人都觉得，当爱人抚摸乳房时，她们会感觉到一种非常性感、喜悦的体验。女性乳房其实并不都那么敏感，重点还是在乳头。当然，在激情时刻，让他用手托起你的乳房上下晃动，据说也是引发女人高潮的有力方式。

13. **骶骨：私密制造者** 很多女人喜欢穿低腰的牛仔裤，当她们坐下来时，骶骨就会露出来，便于伴侣抚摸。骶骨位于尾骨上方，臀部和背部的连接处，是一个非常私密的适合抚摸的地方。性学家建议男性，先从背部的上部开始抚摩，然后一直延伸到骶骨部位，"当你按摩的时候，不要直接按压脊柱——而应该用画圈的动作一直慢慢揉捏到下面，或者用舌头，一点一点地从上向下舔。"

14. 阴蒂：最强敏感带　阴蒂是女性最敏感的性器官。从外观上看，它是个很小的结节样组织，很像阴茎，位于两侧小阴唇之间的顶端，呈黄豆大小。对这儿的刺激要注意节制。他可以以一种向上的动作小心翼翼地去触碰阴唇，用他的手指往上抚摩。亲吻阴蒂时，力道要视你的反应而随时调整。

第三节　必须知道的避孕法

时下，有的新婚夫妇由于各种各样的原因不想过早地生宝宝，但又难舍鱼水之欢，因此，有必要掌握一些避孕方法。

1. 自然避孕法包括中断性交和计算安全期法　中断性交必须在性高潮来临前，将阴茎抽出阴道外，但此法实施起来非常困难。而且，在射精之前有一些精子已经漏入阴道。此方法极不可靠，长期使用可严重影响男性的身心健康，引起前列腺炎等疾病。新婚夫妇不宜使用。

大多数妇女的月经周期为24~32天。排卵一般发生在下次月经前14天左右，排卵后24小时如果卵子未能受精，卵细胞会自行死亡。精子在射出后，一般来说在三天以内能使卵子受精，但也有报道说性生活一星期后精子仍保留受精能力。

如果除掉来月经的时间以及可能怀孕的时间，安全期时间很短，只有10天左右时间，而且新婚夫妇由于精神相对紧张，生活规律被打破，很容易发生排卵时间改变或者额外排卵，因此新婚夫妇不宜通过计算安全期来避孕。

2. 屏障措施　包括避孕套和阴道隔膜(女用避孕套)。在用避孕套之前，必须避免阴茎和阴道的接触。性交时避孕套须戴好，射精后，在阴茎疲软之前必须将阴茎(连同避孕套)拔出。否则避孕套可能会滑进阴道。建议在使用前检验一下避孕套是否有漏洞。

避孕套的缺点是影响性生活过程，新婚夫妇往往不愿意使用。而且新婚夫妇由于使用不熟练，导致避孕失败率较高；其优点是可预防性传播疾病。

避孕隔膜必须由医生选择好大小。在性生活之前安放好，同时使用杀精剂。性交结束后，避孕膜至少要过6小时后才能取出。但是，避孕隔膜不能阻止性传播疾病的感染。通常新婚女性存在紧张情绪，很难正确放置阴道隔膜，不作为新婚夫妇首选的避孕方法。

3. 子宫环避孕器 一种伴随着痛苦的避孕动作，安放避孕器时的手术范畴与堕胎相差无几，同样要使用宫颈扩张器，所以腰部又酸又胀，有坠痛感。安放以后的避孕效果也取决于医生安放时的位置和本领。女性会对置入的金属环产生排异反应，表现为经量多，经期长，来月经时腹痛减轻。普通子宫内避孕器的有效期为5~8年，取出时还要使用宫颈扩张器，当金属环与子宫壁发生粘连时，还会招致疼痛和出血。

4. 激素避孕方法 口服避孕药是世界上最流行的避孕措施，尤其在年轻妇女中间使用最为广泛。复合型口服避孕药含有两种激素：雌激素和孕激素。这两种激素可以阻止卵巢中卵细胞的生长和成熟，也就阻止了排卵的发生。这意味着，如果正确服用口服避孕药，其避孕可靠性几乎达100％，远远高于避孕套的避孕可靠性，在可供新婚夫妇选择的避孕方法当中列举首位。

现代口服避孕药除了避孕以外，还能给妇女带来许多额外的好处，如：对月经周期的益处（减少痛经，经前综合征，调整月经周期，自己调节周期的长短）；改善多毛和痤疮；预防卵巢癌和子宫内膜癌；降低盆腔炎发生的风险等。

如果服药方法正确，口服避孕药是一种极其可靠的避孕方法，其优点是避孕效果可靠，不干扰性生活过程，而且可以根据婚期自己调整来例假的时间，非常方便。但必须在月经来潮的第1~5天开始服药，不能临时开始服用。

第四节　以饮食调节身体

准新娘婚前饮食法则

想要以最好的状态迎接婚礼，健康的饮食可是最重要的一课，婚期订好了后就开始有针对地饮食吧。

解除压力

萝卜脊骨汤

材料：脊骨1000克，长萝卜100克，辅料盐2小勺，鸡精1小勺，葱、姜、酒、水各适量。

做法：

1. 骨头洗净放入开水中焯去血水。

2. 用冷水冲洗干净。

3. 捞出后放进汤锅中，加入适量的水，再加葱姜和酒。

4. 盖上锅盖炖2小时左右，备用。

5. 萝卜去皮、切成长条，在开水中焯去苦味。

6. 舀一半的骨头汤，放进焯好的萝卜中。

7. 盖上锅盖继续炖20分钟左右至萝卜熟烂。

8. 加点盐和鸡精调味即可。

菠菜番茄培根挞

材料：菠菜适量，鸡蛋2个，圣女番茄4~6个，培根、淡奶油、盐各适量。

做法：

1. 把菠菜洗干净焯水，圣女番茄切成小块。培根切成丁状，然后放入微波炉内30秒，取出来备用。

2. 把鸡蛋打散，加入少量的盐和少量的淡奶油，调成蛋奶液。

3. 在烤盘内把处理好的菠菜、番茄和培根，一层一层地铺好。

4. 然后将调好的蛋奶液倒入碗中，放入烤箱，200℃、25分钟就做好了。

金针排骨汤

材料：小排600克，金针菇25克，姜1片，酒1大匙，盐1茶匙。

做法：

1. 排骨洗净，汆烫除血水后，冲净，放入炖盅内，淋酒1大匙，加姜并加开水7腕。蒸20分钟。

2. 金针菇泡软后，先摘除蒂头硬结，然后打结。

3. 待排骨熟软时，放入金针菇同蒸。

4. 10分钟后即可加盐调味，盛出食用。

贴士：喜欢吃肉的朋友，排骨可选用肉层较厚者，但较肥，汤汁略油。肉层薄的排骨较瘦，骨多肉少，各有风味。金针打结放入，蒸好不会散开，吃起来较脆。

小麦红枣粥

材料：小麦50克，大米100克，桂圆肉、红枣各20克，白糖适量。

做法：

1. 将小麦淘洗干净，用热水浸泡。将大米、红枣洗净，再将桂圆肉切成小粒。

2. 把小麦、大米、红枣、桂圆一同放入锅中，加入适量清水，用小火熬煮至软烂成粥。

3. 最后加入白糖，应早晚趁热食用，连续食用效果最好。

玫瑰花茶冻

材料：干玫瑰花24朵，干薄荷叶少许，柠檬片2片，珍珠粉2大匙，蜂蜜5大匙。

做法：

1. 干玫瑰花、干薄荷叶与柠檬片加水煮开，用滤网滤除玫瑰花、薄荷叶和柠檬片。

2. 加入珍珠粉和蜂蜜煮溶，关火。

3. 倒入模具中，待凉凝结，冷藏即可食用。

> **贴士：** 1. 食用时不但有清凉的薄荷口感，又可养颜美容。2. 入模时，可加入少许玫瑰花瓣，凝结后更具美感。

增强体力

烤山药泥

材料：山药1个，比萨芝士100克，牛奶60毫升，黄油50克，盐少许。

做法：

1. 山药煮15分钟至熟。去皮，压成泥。

2. 放入黄油、牛奶、盐充分拌匀。

3. 盛入烤碗，压平，撒上芝士条。

4. 放入预热220℃的烤箱里，烤15~20分钟，至表面金黄。

5. 取出，趁热品尝。

归芪炖鸡

材料：母鸡1500克，当归10克，黄芪15克，姜15克，大葱15克，料酒20毫升，盐10克，味精2克。

做法：

1. 将当归、黄芪用温水洗净后切成小片。

2. 将老母鸡去除内脏，切成小块。

3. 放入有姜、葱、料酒的沸水中汆去血水，待用。

4. 水烧沸后放入当归、黄芪、老姜和汆好的鸡，炖熟并加入盐、味精即可。

> **贴士：** 炖鸡时应把汤一次性加足，中途不能加水，否则汤味不醇。

红糖羊肉

材料：羊肉700克，红糖75克，葱1根，姜片1片，黄酒165毫升，白糖45克，盐、菱粉各少许，猪油300克，清汤700毫升。

做法：

1. 将羊肉切成长1.5寸，宽1寸的块状。在开水锅内放葱、姜，把羊肉，氽一氽以拔除膻味，取出肉块再洗净。

2. 开热猪油锅，将羊肉放入锅内氽一下，即倒入漏勺，滤去油，备用。

3. 另开热猪油锅，将红糟、糖、酒放入锅内略炒，再将羊肉放入锅中略炒，然后加清汤、盐，烧酥，即下湿菱粉勾薄芡，起锅装盘即可。

调经理气

姜泡麻油鸡

材料：土鸡肉块900克，老姜片100克，义香麻油50克，米酒1瓶，热水800毫升，盐1/4小匙，鲜鸡粉1/2小匙。

做法：

1. 土鸡肉块洗净，放入滚水中氽烫，翻拌一下后马上捞出，再次冲洗干净，备用。

2. 热锅倒入麻油小火烧热，放入姜片小火爆香至颜色变深且卷曲，放入土鸡肉块续炒至半熟，倒入米酒翻炒至再次滚开，再倒入热水续煮约20分钟，最后加入调味料拌匀即可。

猪肝炒菠菜

材料：猪肝350克，菠菜150克，蒜两瓣，油、盐、淀粉、生抽各适量。

做法：

1. 猪肝切薄片，然后浸泡一个小时，期间换水2~3次。加入少许淀粉、生抽及盐抓匀。

2. 菠菜择洗干净，焯水，过凉水后切段。

3. 锅中放油烧热后加入猪肝滑炒。

4. 猪肝变色后加入菠菜翻炒均匀，加蒜末、盐调味即可。

参枣茶

材料：人参、红枣各25克，红茶5克。

做法：将人参、红枣（去核）洗干净，一起放入锅中，加入适量清水煮至软烂；红茶用沸水冲泡后，倒入锅中，再一起煮5分钟，待稍凉时，代茶饮。具有补气养血、增强体质的功效。但不宜长期食用，气有余热者适当饮用。

姜茶

材料：生姜10克，绿茶5~10克，冰糖30克，水300毫升（约一杯半）。

做法：把姜洗净之后切片，与绿茶及水齐煮滚5~10分钟，滤去渣滓及茶叶，加冰糖搅匀后饮用。

迎接新婚夜

虫草炖鸭

材料：鸭2000克，冬虫夏草35克，料酒10毫升，姜5克，葱白10克，盐6克。

做法：

1. 鸭宰杀后放净血，去毛、舌、掌，从鸭背面颈上顺割一刀，并在鸭背面尾部横进一刀，挖去内脏，用清水将鸭洗净，用钩子勾着鸭子，放沸水内连提两三次，使血水洗净后，齐嘴角切去鸭嘴，并将翅膀屈向背上盘起。

2. 虫草用温水浸泡15分钟，用手轻轻洗去泥沙和杂质，备用。

3. 将鸭腹部向上放平，用竹签在鸭腹上扎一些深约3厘米的小孔。

4. 将虫草粗的一端（头部）一个个插在鸭腹小孔上，尾部留在外面，全部插入后将鸭子腹部向下装入大海碗内，加入料酒，铺上姜片、葱段，用砂纸密封碗口，上蒸笼用大火蒸3小时以上，至骨松翅裂即成。

5. 炖好后，将鸭子腹部向上摆入汤盆内，去掉姜葱，加入少许精盐，将原汤放入，即可上席。

蒜味生蚝

材料：生蚝6个，大蒜、盐、辣椒末、鸡精、油各适量。

做法：

1. 生蚝外壳刷洗干净。

2. 用刀背砸出一个小口。

3. 用刀子从开口处用力撬开。

4. 蚝肉用清水冲净泥沙。

5. 大蒜去皮，剁成蒜茸。

6. 锅中注入油，下入蒜茸，用小火将蒜茸炒出香味后晾凉。再加入盐和鸡精调味。

7. 将洗净的生蚝放在烤架上，一定要放稳。

8. 再把蒜茸和油一起浇在生蚝上。

9. 入烤箱，180℃，烤制10分钟。如果喜欢吃辣，可以在生蚝上放些辣椒末，再烤制10分钟即可。